K. Eberhard Oehler

Maria Dorothea von Württemberg

Maria Dorothea
hat sowohl den am Himmel hängenden
Idealismus Marias
als auch den praktischen
Fleiß Marthas
verkörpert.

ALEXANDER KOVÁCZ
Bischof und Kunsthistoriker

K. Eberhard Oehler

Maria Dorothea von Württemberg

Ein Leben für Ungarn

Ernst Franz Verlag · Metzingen/Württ.

Die Herausgabe dieses Buches erfolgte mit Unterstützung Seiner Königlichen Hoheit Carl Herzog von Württemberg, der Stiftung Landesbank Baden-Württemberg und der Neckarwerke Stuttgart AG.

Die Deutsche Bibliothek – CIP-Einheitsaufnahme

K. Eberhard Oehler:
Maria Dorothea von Württemberg, Ein Leben für Ungarn /
K. Eberhard Oehler. – Metzingen: Ernst Franz, 2003
ISBN 3-7722-3036-9

Umschlaggestaltung: Grafisches Atelier Arnold, Dettingen
Herstellung: Heinzelmann Druck-Service, Metzingen
Printed in Germany

Zum Geleit

Das Haus Württemberg hat eine interessante Geschichte. Diese Feststellung wird durch die Vielzahl der in den letzten Jahren erschienenen Veröffentlichungen eindrucksvoll bestätigt. Manchmal könnte man glauben, es sei schon alles Wichtige erforscht. Aber was ist wichtig in einer Geschichte, die Jahrhunderte umspannt, völlig verschiedene Epochen mit ihren speziellen Entwicklungen und Problemen?
Das vorliegende Buch lenkt die Aufmerksamkeit auf eine Herzogin aus dem Haus Württemberg, die sicher nicht zu den bekannten Persönlichkeiten gehört und doch Interesse verdient: Erzherzogin Maria Dorothea von Österreich, Palatinessa von Ungarn, Tochter des Herzogs Ludwig von Württemberg. Sowohl ihr Lebensweg als auch ihr geistiger Horizont waren außergewöhnlich, und ihre Geradlinigkeit beeindruckt uns noch heute. In ihrem Heimatland erwarb sie sich eine umfassende Bildung, die sie dann nach ihrer Eheschließung mit Palatin Josef Anton in Ungarn für das Volk nutzbringend anwenden konnte. Palatinessa Maria Dorothea hat sich nicht verbiegen lassen, sondern sie blieb zeitlebens ihrem protestantischen Glauben treu. Freilich beschränkte sie ihre Wohltätigkeit nicht auf ihre evangelischen Mitchristen, sondern sie half dort, wo Not herrschte. Noch heute erinnert man sich in Ungarn an die Erzherzogin als Wohltäterin.
Professor Eberhard Oehler zeichnet ein detailliertes und lebendiges Bild dieser ungewöhnlichen Frau. In seiner Biografie erinnert er daran, welche historischen Schätze abseits der populären und gut erforschten Themen noch in Archiven und Bibliotheken schlummern. Gleichzeitig arbeitet er in seiner Biografie der Palatinessa die lebendigen Beziehungen zwischen Württemberg und Ungarn auf. Gerade solche internationalen Verbindungen der europäischen Adelshäuser ermöglichten die Wirksamkeit ihrer Angehörigen in ganz unterschiedlichen Ländern und Kulturkreisen.
Als Chef des Hauses Württemberg freue ich mich, dass Palatinessa Maria Dorothea von Ungarn durch dieses Buch wieder mehr Aufmerksamkeit geschenkt wird, und wünsche dieser Biografie viele interessierte Leserinnen und Leser.

CARL HERZOG VON WÜRTTEMBERG

Inhalt

Vorbemerkung

Bei einem Bouquinisten erwarb ich ein altes deutsches evangelisches Gesangbuch aus Ofen und Pest, heute Budapest, mit dem Titel »Christliche Religionsgesänge für die öffentlichen und häuslichen Andachtsübungen. Pest. Gedruckt bei Matthias Trattner Edlen v. Petrózo. 1824«. Gewidmet war dieses Buch »Ihrer Kaiserlichen, Königlichen Hoheit, der Durchlauchtigsten Frau Erzherzogin, Maria Dorothea, geborenen Prinzessin von Würtemberg etc., Gemahlin Sr. K. K. Hoheit des Durchlauchtigsten Kais. Prinzen und Erzherzogs von Österreich, Kön. Prinzen von Ungarn etc. Joseph, Palatin's und kön. Statthalters des Königreichs Ungarn.«

Nun wollte ich mehr über Maria Dorothea erfahren, diese württembergische Habsburgerin, große Mäzenin und verehrte Patronin der evangelischen Gemeinden von Ofen und Pest. Ich suchte in Bibliotheken und Archiven, wo ich zwar viel über ihr »Vaterhaus«, das »Haus Württemberg« fand, aber nur sehr wenig über ihren Geburtsort, das Schloss Carlsruhe in Oberschlesien, dessen Archiv im zweiten Weltkrieg verloren ging. Ähnlich sah es bei den weiteren Etappen auf Maria Dorotheas Lebensweg aus, etwa Riga und Würzau im alten Russland usw.

Ausführlicheres Material fand ich dagegen uber die Jahre in Stuttgart und Kirchheim, Maria Dorotheas Konfirmation, ihre »Tätigkeit« als Äbtissin von Oberstenfeld und ihre Eheschließung

In Ungarn, Maria Dorotheas zentraler Lebenssphäre, gibt es wenig Archivmaterial, da das Archiv des einstigen Palatinats in Ofen nicht mehr existiert. Im ungarischen Staatsarchiv ist zwar Material über den Palatin Joseph vorhanden, nicht aber über Maria Dorothea. Zunächst war ich daher auf kürzere deutschsprachige Biographien und biographische Notizen und Zeitungsberichte in der damaligen Stuttgarter Presse angewiesen.

Weil aber die meisten biographischen Arbeiten und Bücher über Maria Dorothea von Ungarn auf Ungarisch geschrieben waren, blieb mir keine andere Wahl, als selbst diese Sprache zu lernen, um ungarische Arbeiten benutzen zu können. Dort war die Ausbeute zufriedenstellend. Vor allem Sándor Payr, der sich unter anderem auf Briefwechsel und das Tagebuch des Hofpredigers Bauhofer stützt, bringt viele einzelne Szenen aus Maria Dorotheas Leben und Wirken in Ungarn. Emil Koren bringt in seiner Chronik der Ofener Kirche ausführliche Kapitel über Maria Dorothea und ihren Hofprediger Bauhofer. Ungarische biographische Lexika informieren über andere Personen, die in der Biographie von Maria Dorothea von Interesse sind.

Auf einigen Ungarnreisen hatte ich zudem Gelegenheit, in staatlichen und kirchlichen Archiven in Budapest vorzusprechen. In der Palatinsgruft konnte ich den Sarkophag Maria Dorotheas sehen, deren sterbliche Überreste dort neben denen ihres Mannes, des Palatins Joseph, ruhen. Am stärksten bereichert wurde ich durch einen Besuch in Alcsút, wo ich auch ausführlichere Unterlagen über die Habsburger in Alcsút erhielt.

Im November 1997, zum 200. Geburtstag von Maria Dorothea, fand in der evangelischen Kirche am Deákplatz in Budapest eine eindrucksvolle Feier statt. Zu diesem Anlass hat Tibor Fabiny einen reich bebilderten Band über das Leben Maria Dorotheas auf Ungarisch – mit deutscher Übersetzung – herausgebracht. Material gibt es also genug. Ein »logischer« Aufbau einer Biographie erwies sich allerdings als schwierig, daher ging ich weitgehend chronologisch vor. Da dieses Buch eine »lesbare« Biographie sein soll, habe ich auf Quellenverweise im Text verzichtet. Die wichtigsten Quellen sind dem Literaturverzeichnis zu entnehmen.

Zu den »handelnden Personen« habe ich im Anhang einige Lebensdaten angegeben, damit der Text selbst nicht durch solche Daten erschwert wird. Zur besseren Übersicht verhilft auch der beigefügte Auszug aus dem württembergischen Stammbaum, der zeigt, wie die wichtigsten Haupt- und Nebenlinien des Hauses Württemberg im hier betrachteten Bereich zusammengehören sowie ein kurzes Schema des damaligen Hauses Habsburg.

Persönlichen Kontakt hatte ich sowohl mit Mitgliedern des Hauses Württemberg als auch des Hauses Habsburg-Lothringen. Von beiden Seiten vernahm ich, dass in den Häusern keine Unterlagen über Maria Dorothea vorhanden sind. Ich wurde ermuntert, über diese bedeutende Württembergerin und Habsburgerin Dokumente zu sammeln.

K. Eberhard Oehler

1. Unruhige Kindheit

Prinzessin Maria Dorothea von Württemberg, geboren 1797 in Carlsruhe, einer kleinen württembergischen Exklave in Schlesien, später evangelische Fürstin des katholischen Habsburg, Freundin der Ungarn in ihrem Freiheitskampf, Mutter und Vorfahrin europäischer Königshäuser – dieser großen Frau wollen wir uns nun erinnern.

In Bayreuth lernten sich 1797 zwei »Flüchtlinge« kennen. Beide waren sie links des Rheins aufgewachsen und durch die Französischen Revolutionskriege heimatlos geworden. Der eine »Flüchtling« war Herzog Louis von Württemberg. Er war 1756 in Treptow in Pommern geboren als zweiter Sohn des damals als preußischer Regimentskommandeur dienenden Herzogs Friedrich Eugen und der geborenen preußischen Prinzessin Friederike Sophie Dorothea, einer Nichte Friedrichs des Großen. Im Jahre 1769 zog die Familie in das damals württembergische Besitztum Mömpelgard, das heute französische Montbéliard, wo Friedrich Eugen Statthalter wurde. Hier wuchs Herzog Louis mit sieben Brüdern und vier Schwestern auf.

Wie sein Vater wurde Louis zunächst preußischer Offizier und Regimentskommandeur. Er nahm an mehreren Kriegen teil. 1784 heiratete er die polnische Prinzessin Maria Anna von Czartoryski. Am 6.1.1792 kam der Sohn Adam zur Welt. Doch schon 1794 wurde die Ehe geschieden. Im Jahr 1795 wurde Louis Gouverneur von Ansbach-Bayreuth.

Der andere »Franzosenflüchtling« war Henriette. Als Prinzessin von Nassau-Weilburg erblickte sie am 22. April 1780 in dem schönen barocken Schloss in Kirchheimbolanden in der Pfalz das Licht der Welt. Henriettes Mutter Caroline war sehr aufgeschlossen für Musik und Theater. Sie, geborene Prinzessin von Oranien, hatte schon 1765, als sie noch in Holland wohnte, den damals erst neunjährigen Wolfgang Amadeus Mozart, das »Salzburger Wunder«, zu sich ein-

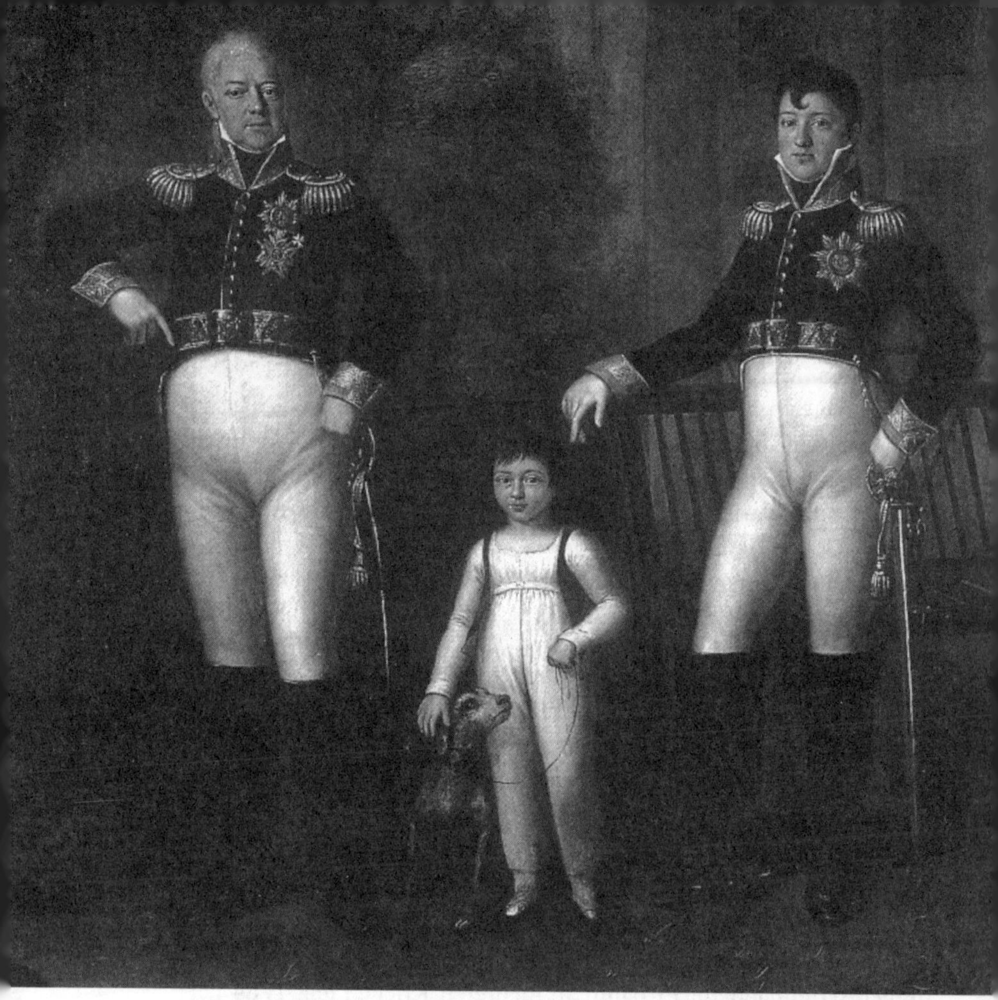

Herzog Ludwig (Louis), Maria Dorotheas Vater, mit Sohn Adam aus erster Ehe und Bruder Alexander, dem Stammvater des jetzigen »Hauses Württemberg«

geladen. Und 1778 kam Mozart von Mannheim her nach Kirchheimbolanden und spielte auf der Schlosskirchenorgel. Heute noch werden auf dieser »Mozart-Orgel«, hoch über Altar und Kanzel, von weither besuchte Konzerte namhafter Künstler geboten. Der alte Orgelspieltisch, auf dem Mozart gespielt hat, kann noch in der Sakristei bewundert werden.

Henriette verlor ihre Mutter schon mit sieben Jahren und ein Jahr später starb ihr Vater. Jetzt kümmerte sich ihr zwanzigjähriger Bruder um die kleine Waise und vertrat die Stelle des Vaters und Lehrers.

Herzogin Henriette, Maria Dorotheas Mutter

Im September 1792 drangen französische Revolutionstruppen in die Pfalz ein. Henriette musste mit ihrem Bruder fliehen. Als Flüchtling, verwaist und entwurzelt, kam die schöne und geistvolle junge Prinzessin nach Bayreuth. Hier lernte der vierzigjährige Herzog Louis die erst sechzehnjährige Henriette kennen und warb um sie. Er erhielt ihr Ja-Wort.
Am 28. Januar 1797 wurde im Schloss Eremitage in Bayreuth die Hochzeit gefeiert.

Schloss Carlsruhe

Das Schloss Carlsruhe in Oberschlesien zierten vier runde Türme und eine zentrale Kuppel. Acht prächtige Alleen führten sternförmig auf diesen Komplex zu und zwischen den Alleen lagen acht Kavaliershäuschen. In den weiten dichten Waldflächen Oberschlesiens, die er als passionierter Jäger so liebte, hatte Herzog Carl Christian Erdmann von Württemberg-Oels aus der schlesischen Nebenlinie des Hauses Württemberg, eine neue Residenz geschaffen.
Um das Schloss wuchs eine kleine Ansiedlung mit schöner Barockkirche, Rat- und Schulhaus. Im Wald wurden herrliche Parkanlagen angelegt mit Statuen und kleinen Seen. Es war ein verträumtes idyllisches Fleckchen Erde.
Da Carl Christian Erdmann keinen Sohn hatte, vererbte er diesen Besitz an seinen Vetter Herzog Eugen von Württemberg, den um ein Jahr jüngeren Bruder von Herzog Louis. So wurde Herzog Eu-

Schloss Carlsruhe in Oberschlesien

gen 1792 Besitzer dieses kleinen Herzogtums. Er war allen Musen zugetan und selbst ein begabter Oboist. Eugen gründete in Carlsruhe ein Theater und ein Orchester. Carl Maria von Weber war 1806 bis 1807 in diesem »Nest voll Sang und Klang« als Musikintendant tätig und Goethe widmete in »Dichtung und Wahrheit« Herzog Eugen und seinem Hof lobende Worte.
Herzog Louis hatte nach seiner Eheschließung Bayreuth verlassen und seine preußische Offizierslaufbahn wieder aufgenommen. Er hatte nicht die Muße, ein trauliches Familienleben zu führen. Immer wieder zog es ihn zu seinen Soldaten und meist musste er irgendwo Krieg führen. Im Sommer 1797 hielt sich das junge Paar im Schloss Carlsruhe auf. Henriette erwartete ihr erstes Kind und beschloss, bis zur Geburt an diesem ruhigen Plätzchen zu bleiben.

Maria Dorothea

Allerheiligentag, der 1. November 1797. Ein leichter Herbstnebel liegt über dem verträumten Schloss Carlsruhe. Im evangelisch-württembergischen Fürstenhaus ist Allerheiligen kein Feiertag, daher herrscht im Schloss mitten in der Woche, an einem Mittwoch, reges Werktags-Treiben. Herzogin Henriette von Württemberg liegt in den Wehen. Ein gesundes Mädchen kommt zur Welt und erhält den Namen Maria Dorothea. Der erste November, Marias Geburtstag, ist von jetzt an ein Feier- und Freudentag in der Familie. Maria Dorothea wird in der schönen Schlosskirche getauft. Während am Ende des zweiten Weltkriegs das Schloss Carlsruhe weitgehend zerstört und die Trümmer anschließend vollständig beseitigt wurden, hat die Kirche den Krieg unbeschädigt überdauert. Im großen Waldpark findet man da und dort Reste einstiger Pracht; Denkmäler, oft halb zerstört, noch nicht völlig verschwunden, zeugen von den einst großartigen Anlagen dieser kleinen württembergischen Residenz in Schlesien. Carlsruhe liegt jetzt in Polen und heißt Pokój.

Sophienkirche in Carlsruhe

Tod des Herzogs Friedrich Eugen

Der Großvater von Maria Dorothea, der in Württemberg regierende Herzog Friedrich Eugen, hat sein Enkeltöchterchen nicht mehr gesehen. Am 22. 12. 1797 starb er 65-jährig nach nur zweijähriger Regierungszeit. Er war der vierte katholische Herzog in Folge gewesen. Sein Vater, Herzog Carl Alexander, hatte einst in österreichischen Diensten gestanden und mit Prinz Eugen bei Belgrad gegen die Türken gekämpft. Er war so begeistert von Prinz Eugen, dass er allen seinen Söhnen den Zweitnamen Eugen gab. Carl Alexander trat zum katholischen Glauben über und übernahm nach dem Tod von Herzog Eberhard Ludwig, dem Gründer von Ludwigsburg, die württembergische Regierung. Ihm folgten nacheinander seine drei katholischen Söhne Karl Eugen, Ludwig Eugen und Friedrich Eugen. Friedrich Eugen hatte sich aber im Ehevertrag mit seiner preußischen Gemahlin verpflichtet, seine Kinder in der Landeskonfession, also evangelisch, zu erziehen. Sein ältester Sohn, der »dicke Friedrich«, war daher wieder der erste evangelische Herzog. 1803 wurde er Kurfürst und 1806 württembergischer König »von Napoleons Gnaden«.

Ein neues Schloss

Herzog Louis machte große Schulden, da er über seine Verhältnisse lebte. Er stellte mehr Personal ein, als er bezahlen konnte. Außerdem hatte ihn die Scheidung von seiner ersten Frau, der polnischen Herzogin Maria Anna, eine halbe Million Goldgulden gekostet. Bis zu seinem Lebensende kam er nicht aus den Schulden heraus. Es gab Verhandlungen über Verhandlungen und einmal wurde er sogar in Warschau in den Schuldturm gesteckt. Die Akten im Württembergischen Hofarchiv quellen heute noch über von all den unangenehmen Verhandlungen dieser Zeit. Oft haben ihm sein Bruder Friedrich, der spätere König von Württemberg und seine Schwester, die Zarin Maria Fjodorowna, unter die Arme gegriffen. Das war aber meist nur ein Tropfen auf den heißen Stein.

Louis erwarb im Jahr 1798 Schloss und Gut Wallisfurth bei Glatz in Niederschlesien. Dieses Hofgut sollte ihm Geld einbringen. Die Familie hatte jetzt wieder – für eine kurze Zeit – ein eigenes Zuhause.

Die Geschwister

In diesem romantischen Schlösschen Wallisfurth kommt am 28. Juni 1799 Maria Dorotheas Schwester Amalie zur Welt. Sie wird 1817 in Kirchheim unter Teck den Erbprinzen Joseph von Sachsen-Altenburg heiraten und sechs Töchter zur Welt bringen. Ihre Tochter Marie heiratet 1843 den später erblindeten König Georg V., den letzten König von Hannover. Ihre Tochter Elisabeth wird im Jahre 1848 den Großfürsten Constantin Romanow von Russland heiraten, den jüngeren Bruder der württembergischen Königin Olga.

Die Zeit in Schlesien flog schnell dahin. Im Frühjahr 1800 wechselte Herzog Louis vom preußischen in den russischen Militärdienst. Als Generalfeldmarschall übernahm er ein Kürassierregiment, das dann seinen Namen trug. Allerdings war auch dies nur eine kurze Etappe in seiner Laufbahn. Louis stürzte so unglücklich vom Pferd, dass er sich das Bein verletzte und den Kriegsdienst quittieren musste. Jetzt wurde er Gouverneur von Riga, das damals noch russisch war. Seine Familie fand dort vorübergehend eine neue Heimat. Am 4. September erblickt hier die kleine Pauline, Maria Dorotheas zweite Schwester, das Licht der Welt. Sie ist ein hübsches Kind, aber bei weitem nicht so klug wie Maria Dorothea. Ein paar Jahre später vergleicht sich Maria Dorothea mit ihrer Schwester Pauline und kommt zu dem Urteil: »I ben wüscht und du bischt schö, aber i ben gscheit und du bischt domm!«

Pauline heiratet später, nach dem Tod von Königin Katharina, den württembergischen König Wilhelm I., wird also württembergische Königin und Mutter des späteren Königs Karl von Württemberg.

Auf Fürsprache von Louis' Schwester, der Zarin Maria Fjodorowna, verschafft deren Sohn, Zar Alexander I., seinem Onkel Louis im Jahre 1801 das Landgut Würzau im damals ebenfalls russischen, jetzt lettischen Kurland als Residenz für ihn und seine Erben auf fünfzig Jahre. Auch diesmal hoffte Louis' Schwester, die erst seit kurzem verwitwet war, Louis könne aus den Einkünften des Gutes seine Schuldenlast abtragen.Am 26. Februar 1802 kommt Elisabeth in Würzau zur Welt. Sie wird Maria Dorotheas Lieblingsschwester und pflegt mit ihr lebenslang gute Kontakte. 1830 wird sie den Markgrafen Wilhelm von Baden heiraten und mit ihm eine glückliche und harmonische Ehe führen.

Am 9. September 1804 wird Herzogin Henriettes fünftes Kind geboren, ihr Sohn Alexander. Und wieder, wie einst bei der Geburt von Maria Dorothea, ist sie bei ihrer Niederkunft im Schloss eines der Geschwister von Herzog Louis, diesmal im Schloss Pawlowsk in der Nähe von Sankt Petersburg bei Herzog Louis' Schwester, der verwitweten Zarin und Zarenmutter Maria Fjodorowna. Dieses in einem wunderschönen großen Park gelegene Schloss hatte deren Mann, Zar Paul, für seine Familie bauen lassen. Es gehört heute noch in das Besuchsprogramm der Touristen, die nach Sankt Petersburg kommen.

Da Alexander später »unter seinem Stand« die ungarische Gräfin Claudine Rhédey heiratete, durften sich seine Kinder nicht mehr Herzöge von Württemberg nennen. Sie wurden »Grafen von Teck«. Allerdings heiratete dann Alexanders Sohn Franz Paul Ludwig in den englischen Hochadel, erhielt dadurch den Herzogstitel zurück und wurde Herzog von Teck. Er ist der Urgroßvater von Queen Elizabeth.

Maria Dorothea hatte nun fünf Geschwister, denn zu den Kindern ihrer Mutter, der Herzogin Henriette, zählte auch der bereits zwölfjährige Adam aus Herzog Louis' erster Ehe.

2. Jugend in Württemberg

Stuttgart und Ludwigsburg

Friedrich, Louis' älterer Bruder, seit 1803 Kurfürst, nimmt am 1. Januar 1806 offiziell die ihm von Napoleon angebotene Königswürde an. Seinem Bruder Louis überträgt er das Kommando über seine »Garde und Haustruppen«, sein »Maison du roi«. So zieht Herzog Louis mit Gattin, vier Mädchen und zwei Buben nach Württemberg. Maria Dorothea lernt erst jetzt mit acht Jahren ihre Heimat kennen.

Die württembergische Hofhaltung wechselte zwischen Stuttgart und der Sommerresidenz Ludwigsburg. Für Herzog Louis und seine Familie wurde in Stuttgart und in Ludwigsburg jeweils ein geeignetes Palais zur Verfügung gestellt, in Stuttgart durch Zusammenbau zweier bestehender Häuser am Karlsplatz, während er in Ludwigsburg ein Palais übernahm, über das König Friedrich vor seiner Regentschaft verfügt hatte.

Die Gouvernante Alexandrine des Écherolles

Maria Dorothea ist jetzt neun Jahre alt. Für die vier Mädchen benötigt man eine Gouvernante, möglichst aus Frankreich, da die Kinder auch französisch sprechen lernen sollen. Frankreich liegt ja so nahe, und der württembergische König ist mit Napoleon verbündet. Man bat die Schwester von Herzogin Henriettes Hofdame Mademoiselle de Belonde, Madame de Malet in Paris, dort Umschau nach einer geeigneten Gouvernante zu halten.

Am Abend des 10. Mai kam Mademoiselle Alexandrine des Écherolles, ein hochgebildetes adliges junges Mädchen, nach der langen Reise von Paris müde im Ludwigsburger Palais an. Madame de Malet hatte ihr schon in Paris viel über die Herzogin Henriette und die kleinen Prinzessinnen erzählt und ihre junge Freundin ermutigt, sich dort als Gouvernante zu bewerben. Schon als Kind hatte Alexandrine ihre Mutter verloren. In den Revolutionswirren mußte ihre Familie das Schloss Écherolles bei Moulins, einst Hauptstadt des Herzogtums Bourbon, verlassen. In Paris betreute Alexandrine den Haushalt eines verwirrten Menschen. Nun sollte sie ihre gesicherte Existenz aufgeben und ins Ungewisse ziehen. Trotzdem sagte sie zu.

Jetzt stand sie am Ziel ihrer Reise. Sie sprach kein Wort deutsch. Die Herzogin Henriette war bei einer Theatervorstellung in Stuttgart und ihre Hofdame Mademoiselle Belonde hatte man erst vor wenigen Tagen nach schwerer Krankheit zu Grabe getragen.

Für einen Augenblick sah Alexandrine die vier kleinen Prinzessinnen, die gerade für einen kurzen Besuch bei der Königin Charlotte ausgehfertig gemacht wurden. Alexandrine war gleich von den Kindern begeistert. »Mit diesen Mädchen werde ich es nicht schwer haben«, war ihr erster Eindruck. Sie wirkten so natürlich. Noch am selben Abend wurde sie von Herzogin Henriette begrüßt, die aus Stuttgart zurückgekehrt war und sofort mit ihr sprechen wollte: »Ein so wichtiges Zusammensein wie unser erstes Treffen sollten wir nicht auf morgen verschieben. Das ist für Sie und für mich besser.« So begann für Alexandrine die, wie sie selbst schildert, glücklichste Zeit ihres Lebens. Auch als die jungen Damen längst ausgeflogen waren, blieb sie bei Herzogin Henriette. Und 35 Jahre später ließ sie ihre Erinnerungen in Moulins drucken und widmete dieses Büchlein »Ihrer kaiserlichen Hoheit der Frau Erzherzogin Maria Dorothea, Palatinissa von Ungarn, geborenen Herzogin von Württemberg« und ihren anderen damaligen Zöglingen. Bescheiden und diskret plauderte sie nichts über das herzogliche Familienleben aus. Über Maria Dorotheas Mutter, die Herzogin Henriette, schreibt Alexandrine: »Bedacht auf das Wohl ihrer Kinder drang die Frau Herzogin in ihrer mütterlichen Veranlagung in deren Herzen, um die wertvollen Keime, die Gott dort gelegt hatte, zu suchen und weiterzuentwickeln. Dort pflegte sie liebevoll die aufkeimenden Tugenden. Dabei war sie zugleich Schützerin, Richterin und Belohnerin. Und so sah ich diese

Mädchen heranwachsen, sich nach dem Vorbild ihrer Mutter bilden und würdig werden, wie sie es war. Was konnte ich mir mehr wünschen?«

Französische Briefchen an den König

Maria Dorothea lernte gern und gut, ob bei ihrer Gouvernante oder bei ihrem Hauslehrer, einem jungen Theologen. Vor allem fremde Sprachen lagen ihr, was ihr später nützte, als sie sich mit der schweren ungarischen Sprache vertraut machen musste. Zu ihrer Liebe für Sprachen trug natürlich auch der Umgang mit Alexandrine bei.
Erste Zeugnisse ihrer Fremdsprachenkenntnisse sind rührende französische Brieflein, die die Neun- und Zehnjährige in kindlichen Schriftzügen ihrem Onkel, dem König Friedrich schrieb, etwa 1807:
»Sire, Je prie votre Majesté de me permettre de joindre mes félicitations à celles de mon Papa et de maman, et de lui offrir pour mes soeurs et moi les voeux que nous formons pour son bonheur, nous espérons, Sire, que vous vivrez aussi longtemps que nous vous aimerons, parce que nous voulons vous aimer toujours.
Je suis, avec le plus profond respect, Sire, de votre Majesté la très humble et très obéissante servante et Nièce Marie Pr. de Würtemberg. Stuttgart le 5.9ten«

(November) 1807 »Ich bitte Eure Majestät, mir zu erlauben, meine Glückwünsche denen meines Papas und meiner Mama anzuschließen und auch für meine Schwestern unsere Wünsche für Ihr Glück zu hegen. Wir hoffen, Majestät, dass Sie noch so lange leben, wie wir Sie lieben werden, denn wir wollen Sie immer lieben. Ich bin mit tiefer Ehrfurcht Ihrer Majestät sehr demütige und sehr gehorsame Dienerin und Nichte Marie, Prinzessin von Württemberg.«

Ähnliche meist französische Briefe von Maria Dorothea an ihren Onkel, den König Friedrich, zu Geburtstagen und anderen Anlässen liegen zusammengeschnürt im Württembergischen Hofarchiv.
Maria Dorothea hat alle württembergischen Könige gekannt, den letzten, den späteren König Wilhelm II., noch als kleines Kind.

Dem nicht ganz sechsjährigen Prinzen schrieb sie im Januar 1854, ein Jahr vor ihrem Tod:

»Lieber Schatz Willy! Tausend Dank für Deine guten Wünsche zum neuen Jahr. Innig wünsche ich, dass Du zur Freude Deiner Eltern und Großeltern herauswachsest. Erhalte lieb Deine treue Tante Marie.«

All diese Briefe bezeugen die Liebe, erst die kindliche, dann die mütterliche Liebe, die Maria Dorothea ihr ganzes Leben lang ihren Familienangehörigen entgegengebracht hat.

Carl Maria von Weber

Am 17. Juli 1807 kam Carl Maria von Weber (1786-1826) nach Stuttgart. Ein Jahr zuvor wurde er Sekretär und später »Musikintendant« bei Herzog Eugen in Carlsruhe in Oberschlesien, in Maria Dorotheas Geburtshaus.
Für Weber war dies die schönste Zeit seines Lebens. Im Jahr 1807 musste Herzog Eugen unter dem Druck der herannahenden Truppen Napoleons sein Theater und seine Kapelle in Carlsruhe auflösen.
Zum Abschied gab Herzog Eugen seinem Musikintendanten von Weber einen Empfehlungsbrief nach Stuttgart mit, wo seine beiden Brüder, König Friedrich und Herzog Louis, residierten. In diesem Brief stand: »Der Herr Baron von Weber wird die Ehre haben Ew. Wohlgeboren gegenwärtiges Schreiben zu überreichen. Ich bin so frei, Ihnen diesen jungen Künstler in der Musik und eigner Komposition, da er auf seiner Reise auch nach Stuttgardt zu kommen den Plan hat, bestens zu empfehlen. Er ist überall mit Beifall aufgenommen worden und wünscht das Glück zu haben, sich auch da dem Hofe zu produzieren.« Zunächst machte sich Weber allerdings eine vergnügte Zeit in Breslau. Dort verschuldete er sich und nahm Reißaus vor seinen Gläubigern. Dann ging es mit vielen Zwischenstationen, auf denen er sich das Reisegeld als Klaviervirtuose in improvisierten Konzerten verdiente, auf einer wechselvollen Reise über Ansbach, Nürnberg, Bayreuth und Erlangen nach Stuttgart. In Stuttgart angekommen, vermittelte ihn der von Herzog Eugen an-

geschriebene Kammerherr nicht an den König und auch nicht an die Hofkapelle, die im gleichen Jahr gerade der dreiunddreißig Jahre ältere Franz Danzi übernommen hatte, sondern als Geheimsekretär an Herzog Louis! Weber sollte Herzog Louis helfen, seinen Schuldenberg abzutragen – so wurde der Bock zum Gärtner gemacht, da Carl Maria von Weber ebenso wenig wirtschaften konnte und selbst ein großer Schuldenmacher war. Zu allem Überfluss brachte er noch seinen Vater und seine Tante mit nach Stuttgart.

Als Musiker übte Weber einen guten Einfluss auf Maria Dorothea und ihre Geschwister aus, denen er Unterricht erteilte. Auch Herzogin Henriette, die eine große Freundin der Musik war, schätzte den genialen Musiker.

Über seine Stuttgarter Zeit schreibt Weber später: »Hier, von der freundlichen Teilnahme des trefflichen Danzi ermuntert und angeregt, schrieb ich eine Oper: Silvana, umgearbeitete Singchöre, wieder Klaviersachen usw., bis ich 1810 mich wieder ganz der Kunst weihte und abermals eine Kunstreise antrat.« Zur Aufführung der Oper Silvana kam es allerdings in Stuttgart nicht mehr. Sie wurde im September desselben Jahres in Frankfurt am Main uraufgeführt. Schon bald brach das Unglück über Weber herein.

Der Buchenbachhof

Der König hatte im Jahr 1809 Louis die Domäne Buchenbacher Hof bei Winnenden übergeben, damit er aus den Einkünften dieses Hofes seine Schulden abtragen könne. Louis brauchte für den Betrieb dieses Hofgutes Knechte, und der König brauchte Soldaten. Burschen, die auf dem Buchenbachhof arbeiteten, wurden nicht zum Militärdienst eingezogen, daher erhielten einige junge Männer gegen Bezahlung von Schmiergeld eine Anstellung auf dem Hof, damit sie nicht Soldat werden mussten, und erschienen gar nicht zur Arbeit.

Die Machenschaften auf dem Buchenbachhof kamen dem König zu Ohren, und es gab peinliche Untersuchungen. Angeklagt wurde aber nicht der Bruder des Königs, sondern sein »Geheimsekretär«, Carl

Maria von Weber. Zusätzlich wurden ihm ein Silberdiebstahl an Herzog Louis' Hof und Manipulationen seines Vaters, der ebenfalls in Geldschwierigkeiten war, angelastet. Er kam vor Gericht, wurde eingesperrt und schließlich des Landes verwiesen. Am 26. Februar 1810 brachten Gendarmen Vater und Sohn zum Grenzübergang Fürfeld bei Bad Wimpfen, das zu Hessen-Darmstadt gehörte. Weber wurde verboten, jemals wieder württembergischen Boden zu betreten.

Herzog Louis im Warschauer Schuldturm

Der in Geldnot stehende Herzog Louis wollte nun aus seinem Gut Würzau in Kurland private Wertgegenstände holen. In Warschau wurde er wegen Wechselschulden von Gläubigern aufgehalten und inhaftiert. Erst nach fast einjähriger Haft und nur durch die Bemühungen seines Bruders, des Königs Friedrich, der seinen Obertribunalrat von Maucher nach Warschau geschickt hatte und ihn dort mit den Gläubigern ein Abkommen schließen ließ, kam er wieder frei. Louis' Schuldenmisere beschäftigte den Stuttgarter Hof noch lange über dessen Tod hinaus. Für die gesundheitlich angeschlagene Henriette und für die ganze Familie waren diese Affären schwer zu ertragen.

Kirchheim unter Teck

Am 1. Januar 1811 starb Franziska von Hohenheim, einstige Mätresse und dann zweite Gemahlin von Herzog Carl Eugen, auf ihrem Witwensitz im Stadtschloss in Kirchheim unter Teck. König Friedrich bot nun seinem Bruder Louis dieses Schloss als Altersresidenz an. So zog Louis mit seiner Familie in das verträumte Städtchen am Fuß der Schwäbischen Alb. Man hoffte, das Klima würde seinen schlechten Gesundheitszustand bessern. Der Stuttgarter Hof hatte dort wegen Louis' Schulden ein strenges Auge auf sein Privatleben, seine Post wurde kontrolliert, und er durfte praktisch keine Korrespondenz führen. Der Kirchheimer Kaufmann Ackerknecht wurde

Schloss Kirchheim unter Teck

sogar bestraft, weil er Herzog Louis' verbotenen Briefwechsel an der Kontrolle vorbeischmuggelte.

Konfirmation

Nun war also Kirchheim Maria Dorotheas Heimat geworden, und gleich in ihrem ersten Kirchheimer Jahr fand ein für Maria Dorothea wichtiges Ereignis statt, ihre Konfirmation. Religionsunterricht und die Vorbereitung zur Konfirmation erhielt Maria Dorothea von Oberkonsistorialassessor August Heinrich d'Autel. Er war ein eifriger Anhänger Pestalozzis und kümmerte sich besonders um das Volksschulwesen. Dass er ein Vertreter seiner Zeit, der »Aufklärung«, war, zeigt der von ihm im Jahre 1807 verfasste Leitfaden für Konfirmanden, das »Kommunionsbuch für denkende Christen«.
Am vierten Advent war es soweit, und Maria Dorothea wurde im Schloss in Kirchheim von Oberhofprediger Prälat Friedrich Gottlob v. Süskind eingesegnet. Festgelegt wurde, »dass der Konfirmations-Akt nach der Predigt geschehen soll, und dass sowohl der Minister

als Direktor und mehrere Räte des Konsistoriums dabei gegenwärtig sein sollen«.

Koadjutorin und Äbtissin von Oberstenfeld

In den Königlich Württembergischen Hof- und Staatshandbüchern von 1812 und 1813 wird Maria Dorothea als Koadjutorin der Äbtissin des adeligen Fräulein-Stifts in Oberstenfeld aufgeführt, ab 1815 als Äbtissin. Doch diese »Ämter« waren nur Pfründen.
Oberstenfeld liegt etwa 30 km nördlich von Stuttgart im Bottwartal am Fuße der Löwensteiner Berge und ist ein idyllischer ländlicher Ort, beherrscht von der stolzen mittelalterlichen und heute noch gut erhaltenen Burg Lichtenberg. Unten im Ort befindet sich das adelige Frauenstift mit der wunderschönen romanischen Stiftskirche aus dem 11. Jahrhundert. Das Chorfrauenstift hatte im Mittelalter große Bedeutung und Reichsunmittelbarkeit erlangt. Nach der Reformation wurde das Kloster weltliches adeliges Fräuleinstift, behielt aber die Reichsunmittelbarkeit und wurde 1802 dem Haus Württemberg zugesprochen. Herzog Friedrich, der spätere württembergische König, versprach, das Stift solle erhalten bleiben und eine Äbtissin und zehn Stiftsdamen aufnehmen, die »von deutschem Adel, beim Eintritt 18 Jahre alt sein und von väterlicher und mütterlicher Seite acht Ahnen haben müssten«.
Ordenszeichen war ein weiß emailliertes Kreuz in Form eines Malteserkreuzes, getragen an einem roten Band mit goldener Einfassung über der rechten Schulter. Äbtissinnen sollten möglichst unverheiratete württembergische Prinzessinnen sein. Die Stiftsdamen durften keine Männerbesuche erhalten, auch nicht von ihren Vätern, und keine männlichen Bediensteten haben. Es bestand aber keine Residenzpflicht. 1840 wird berichtet: »Von dem Recht, in Oberstenfeld zu wohnen, hat seit 1802 weder eine Äbtissin, noch, außer der vor einiger Zeit verstorbenen Stiftsdame v. Weiler, sonst eine Stiftsdame Gebrauch gemacht.« Die Familie v. Weiler besaß die Burg Lichtenberg direkt über Oberstenfeld. Maria Dorothea hat also nie dort gelebt, wurde aber – auch in anderen Schriftstücken – stets als Äbtissin von Oberstenfeld tituliert.

Amalies und Paulines Konfirmation

Im Jahre 1816 wurden die beiden Schwestern Amalie und Pauline gemeinsam in Kirchheim unter Teck konfirmiert. Und schon ein Jahr später heiratete Amalie 18-jährig dort den zehn Jahre älteren Herzog Joseph, den Erbprinzen von Sachsen-Hildburghausen.

Herzog Louis' Tod

Herzog Louis war bereits krank gewesen, als die Familie 1811 nach Kirchheim zog. Henriette pflegte ihren Gatten aufopfernd. Am 20. September 1817 starb Louis im dortigen Schloss. In einem feierlichen Kondukt wurde er nach Stuttgart überführt und bei seinen Ahnen in der fürstlichen Gruft unter der Stuttgarter Stiftskirche beigesetzt.

Vormundschaft

Nach dem württembergischen Hausgesetz regelte der König die Vormundschaft der Prinzen und Prinzessinnen. Henriette nahm aber die Initiative selbst in die Hand. So schrieb sie am 19. Januar 1818 an ihren Neffen (und späteren Schwiegersohn) König Wilhelm I.:

»Allerdurchlauchtigster, Großmächtigster König, Gnädiger Herr!

Nach dem Hintritt Euer Königlichen Majestät verewigten Oheims, meines unvergesslichen Gemahls, des Herzogs Louis Hoheit und Liebden, ist es mir ein wahres Anliegen, über meine mit ihm erzeugten Kinder, einem Prinzen und zwei Prinzessinnen, die Vormundschaft bestellt zu wissen ...« Henriette schlägt als Vormund den Obersthofmeister Freiherr von Seckendorff vor und unterschreibt den Brief mit »Euer Königlichen Majestät untertänigste Tante Henriette«.

Der König stimmt zu. Er schreibt: »... Indem Ich diesem Wunsch mit Vergnügen entspreche, und Mein JustizMinisterium sowohl als auch Meinen Minister der Königl. Hausangelegenheit davon habe in Kenntnis setzen lassen, zweifle Ich im Voraus nicht, daß der Erfolg Eure getroffene Wahl vollkommen rechtfertigt und den Erwartungen eines für das Wohl Ihrer minderjährigen Kinder zärtlich besorgten Mutter gänzlich entsprechen werde.« So erhalten die noch nicht mündigen Kinder und auch die nicht mehr minderjährige Maria Dorothea den Obersthofmeister von Seckendorff als Vormund.

Henriette als Wohltäterin von Kirchheim

Nach Herzog Ludwigs Tod vertiefte sich die Verbindung zwischen der Herzogin Henriette und ihrer Tochter Maria Dorothea. Henriette hatte jetzt auch mehr Zeit für die Stadt, »ihr« Kirchheim, und wurde dessen große Wohltäterin. Sie ist dort bis heute unvergessen. So manche wohltätige Einrichtung hat sie gegründet, etwa die Paulinenpflege, ein »Heim für Waisen und Kinder pflichtvergessener Eltern«, benannt nach ihrer Tochter, der Königin Pauline. Die Mädchen lernten dort Nähen, Hausarbeit und Korbflechten, während die Jungen für Stall- und Feldarbeit eingesetzt wurden. Außerdem schuf sie das Wilhelmhospital, benannt nach ihrem Schwiegersohn, dem König Wilhelm I., versuchte, die Seidenraupenzucht in Kirchheim unter Teck einzuführen, gründete dort eine Töchterschule und das Henriettenstift, das als Altersheim heute noch ihren Namen trägt, und die freiwillige Feuerwehr.
Für Herzogin Henriette spielte der christliche Glaube eine große Rolle; sie pflegte Kontakte mit Theologen, so mit den Kirchheimer Pfarrern Bahnmaier und Knapp. Jonathan Friedrich Bahnmaier (1774 – 1841) gehörte zur »Erweckungsbewegung«, hatte in Tübingen praktische Theologie gelehrt und war dort Rektor geworden. Später wurde Bahnmaier als Dekan nach Kirchheim unter Teck strafversetzt.
Albert Knapp, schwäbischer Prediger, Liedersammler und Liederdichter, war von 1831 bis 1836 Pfarrer in Kirchheim unter Teck. Für beide Prediger hatte Henriette ein offenes Herz und ein offenes

Haus. Henriette interessierte sich für die Brüdergemeine. Im Jahre 1822 lernte sie in der 1806 von Herrnhut aus gegründeten Brüdergemeine Königsfeld im Schwarzwald den Buchbinder Johann Conrad Weiz (1780-1857) kennen. Weiz besuchte als Wanderprediger in der Diaspora lebende Glieder seiner Brüdergemeine. Es kam zu tiefgreifenden Gesprächen, und es entstand eine jahrelange Freundschaft mit Besuchen und Briefwechsel. Maria Dorothea lernte diesen bescheidenen Mann bei ihrer Mutter kennen und schätzen. Nach der Geburt ihres Sohnes Joseph in Preßburg im Jahre 1833 erbat sie sich von ihrer Mutter als Geschenk einen Besuch von Weiz. Weiz fuhr nach Preßburg. Er besuchte Maria Dorothea später noch einmal im Sommersitz Alcsút, zusammen mit Pfarrer Dr. Gottlob Christian Barth aus Möttlingen, dem Gründer des Calwer Verlagsvereins.
Maria Dorothea wird später in Ofen und in ganz Ungarn ähnliche Aktivitäten beginnen wie ihre Mutter in Kirchheim.

Maria Dorotheas religiöse Entwicklung

Maria Dorothea wurde zunächst vom schwäbischen Pietismus geprägt. Johann Albrecht Bengel hatte in Württemberg aus dem Geist des Pietismus den Grundstein zu einer geschichtlich-apokalyptisch ausgerichteten Bibeltheologie des Reiches Gottes gelegt. Diese »Württemberger Frömmigkeit« mischte sich bei Maria Dorothea später mit dem Christentum der Genfer Erweckungsbewegung. Bei einer Reise in die Schweiz, die sie mit ihrer Mutter zusammen unternommen hatte, lernte sie in Genf César Malan (1787-1864) kennen, der sich für die Bestrebungen der »Erweckung« einsetzte. Weil Malan die Bibel statt des Katechismus als Grundlage seines Unterrichts verwendete, wurde ihm das Predigen untersagt. Deshalb hielt er in seinem Haus Glaubensversammlungen und eine Sonntagsschule ab und baute 1820 eine eigene Kapelle. Übrigens war auch Merle d'Aubigné, dem wir später begegnen werden, ein Vertreter dieser Genfer Erweckungsbewegung.
Aufmerksam beobachtete Maria Dorothea auch das Leben der aus Riga nach Württemberg gekommenen Juliane von Krüdener

(1764-1824). Diese hatte nach einem recht leichtsinnigen Lebenswandel in Riga ihre Bekehrung erlebt. Jetzt lebte sie in Endzeiterwartung und war sicher, dass das Heil »aus dem Osten«, also aus Russland, kommen würde. Sie hielt den mit ihr befreundeteten Zaren Alexander I., Maria Dorotheas Vetter, für den von Gott bestimmten Erlöser und Führer der Erwählten. Juliane von Krüdener hatte eine kleine Erweckungsgemeinde gegründet und war 1809 im Haus Katharinenpläsier bei Bönnigheim untergekommen. Aber schon bald wurde sie auf Anordnung des württembergischen Königs wegen angeblicher suspekter Umtriebe des Landes verwiesen und siedelte ins badische Land über.

Tod von Königin Katharina

Am 9. Januar 1819 starb, erst 30-jährig, die so sehr geschätzte und geliebte Königin Katharina nach einer Grippe. Im ganzen Land herrschte große Trauer. Die geborene Großfürstin von Russland, Maria Dorotheas Kusine, war erst seit zwei Jahren Königin und hatte auf sozialem und wirtschaftlichem Gebiet schon viel Gutes bewirkt. Das große Stuttgarter Katharinenhospital zeugt heute noch von ihrem Wirken. Auch die Universität Hohenheim und die Landessparkasse waren ihr Werk. Königin von Württemberg wurde im darauf folgenden Jahr Maria Dorotheas Schwester Pauline, die ihren Vetter, den verwitweten König Wilhelm, heiratete.

3. Maria Dorotheas Vermählung

Der Bräutigam: Erzherzog Palatin Joseph

Am 23. August 1819 wurde in Kirchheim unter Teck die Hochzeit Maria Dorotheas gefeiert. Der Bräutigam, Erzherzog Joseph Anton Johann von Österreich, war am 9. März 1776 als siebtes Kind und als sechster Sohn von Erzherzog Leopold und Maria Ludovica in Florenz zur Welt gekommen. Sein Vater regierte als dritter Sohn von Kaiser Franz I. und der Kaiserin Maria Theresia die damals habsburgische Toskana.

Mit seinen Geschwistern verbrachte Joseph seine Kindheit am Hof in Florenz. Sein Erzieher war Graf Friedrich Manfredini. Schon als Kind sprach er Deutsch, Lateinisch, Italienisch und Französisch. Später studierte er Rechtswissenschaften.

Im Jahr 1790 wurde Josephs Vater als Leopold II. deutscher Kaiser, und die Familie zog nach Wien. Leopold starb aber schon im Jahre 1792. Nun wurde Josephs ältester Bruder als Franz II. deutscher Kaiser und ließ sich im gleichen Jahr in Ofen auch zum König von Ungarn krönen. Seine erste Frau, Elisabeth von Württemberg, Maria Dorotheas Tante, war schon 1790 im blühenden Alter von 23 Jahren an der Geburt ihres ersten Kindes gestorben; das Kind starb mit ihr. Auch Franz' zweite Ehefrau Maria Theresia von Bourbon war schon tot, als er deutscher Kaiser wurde. Insgesamt war er viermal verheiratet, zuletzt mit Karoline von Bayern, der ehemaligen Prinzessin Charlotte von Württemberg, deren Ehe mit dem späteren König Wilhelm I. annulliert worden war. Aus seinen vier Ehen hatte Kaiser Franz II. 13 Kinder. Im Jahre 1804 legte er die deutsche Kaiserkrone nieder und ließ sich, um Napoleon weiterhin ebenbürtig zu sein, 1806 zum österreichischen Kaiser Franz I. krönen.

Die beiden Brüder Franz und Joseph waren grundverschieden: Franz war voreingenommen und recht autokratisch; Joseph war hochgebildet, menschenfreundlich und von edler Natur, zu Reformen geneigt und liberal. Mit Sicherheit war er viel intelligenter als sein Bruder Franz, doch dieser war der Erstgeborene und wurde Kaiser.

Im Jahr 1799 vermählte sich Joseph in dem prächtigen Schloss Gatschina südlich von Sankt Petersburg mit der erst sechzehnjährigen russisch-orthodoxen Großfürstin Alexandra Pawlowna, Schwester der späteren württembergischen Königin Katharina und Kusine von Maria Dorothea. Sie starb aber schon 1801 bei der Geburt der kleinen Alexandrina, die ihren ersten Tag nicht überlebte.

Hermine, Josephs zweite Frau
(Stich von A. Ehrenreich jun.)

Auf Schloss Schaumburg, hoch über der Lahn, heiratete Joseph seine zweite Frau, die damals achtzehnjährige Hermine von Anhalt-Bernburg-Schaumburg. Auch sie war eine Kusine von Maria Dorothea; ihre Mutter und Maria Dorotheas Mutter waren Schwestern. Im Jahre 1817 kam das Zwillingspärchen Stephan und Hermine zur Welt, die Mutter starb bei der Geburt.

Diese beiden ersten Frauen von Joseph waren besonders schön und liebenswert gewesen. Aber die Ehen hatten nur kurze Zeit gedauert. »Jung, wie kaum geöffnete Blüten sanken sie dahin. Es waren nur Idyllen von kurzer Dauer, ein Elfentraum im jungen Leben des Palatin«, schreibt Sándor Payr.

Nun brauchte Joseph vor allem eine Frau, die nicht nur ihn, sondern auch das Zwillingspärchen versorgte. Seine Wahl fiel auf Maria Dorothea von Württemberg. Einundzwanzig Jahre alt war sie, gutaussehend und intelligent, Kusine des Königs von Württemberg, ebenbürtig und eine gute Partie für den gerade doppelt so alten Erzher-

zog Joseph, den Bruder des österreichischen Kaisers. Doch Maria Dorothea war evangelisch-lutherischen Glaubens.
So waren Josephs Frauen alle im Sinne des Habsburger Hofes »Ketzerinnen«. Von keiner hatte Joseph verlangt, zum katholischen Glauben überzutreten. Nach der dritten Eheschließung soll Kaiser Franz zu seinem Bruder Joseph gesagt haben: »Um das Leben dieser Frau möchte ich selber beten, denn wenn sie stirbt, wird deine vierte Frau bestimmt eine Jüdin sein.« Dieser Ausspruch war sicher nicht sehr geistreich, kennzeichnete aber die Einstellung des Kaisers.

Die Palatinswürde

1790 war Josephs vier Jahre älterer Bruder Erzherzog Alexander Leopold als erster Habsburger Reichspalatin in Ungarn geworden. Er starb 1795 im Alter von 23 Jahren. Nun wurde der erst 19-jährige Joseph sein Nachfolger. Der ungarische Reichstag wählte ihn einstimmig zum Palatin von Ungarn.
Über Namen und Funktion des Palatins hat sich die sprachlich und historisch sehr gebildete Maria Dorothea ihre eigenen Gedanken gemacht: Einen »Pfalzgrafen« (lateinisch: *comes palatinus*) und die »Pfalz« (lateinisch: *palatium*) gab es auch in Deutschland. Der Palatin in Ungarn war, genau wie der Pfalzgraf am Rhein, der oberste, ranghöchste Vertreter des Kaisers.
Der Name »Palatinus« leitet sich ab von Palatin, einem der sieben Hügel, auf denen Rom erbaut ist. Dort hatte der römische Kaiser seinen »Palast«, auch diese Bezeichnung wie das französische Palais, kommen her vom Namen des Hügels Palatin. Die Palatinswürde war so alt wie das ungarische Königreich. Dem Palatin wurde ein Großteil der Staatsverwaltung eingeräumt. Er war Vermittler zwischen König und Nation, Vormund minderjähriger Könige und Präsident des Reichstags und der Magnatentafel. Die Magnaten waren in Ungarn die Häupter der vornehmsten Adelsgeschlechter und die höchsten weltlichen und geistlichen Würdenträger, die die erste Kammer des ungarischen Landtags, eben die Magnatentafel, bildeten. Da-

Alexandra, Josephs erste Frau

Palatin Alexander, Josephs Bruder und Vorgänger

Palatin Josef

Maria Dorothea

durch hatte der Palatin persönlichen Einfluss auf den Verlauf der Reichstage.
Er konnte bei der Gesetzgebung selbst die Initiative ergreifen. Ferner war er Chef der Statthalterei, der obersten Landesbehörde und Vorsitzender der Septemviraltafel, des obersten ungarischen Gerichtshofs, oberster Richter der Jazyger und Kumanier, alter ungarischer Volksstämme, die eine gewisse Autonomie genossen. Der Palatin war ständiger Obergespan, das heißt Leiter des Pester Komitats. Ein Komitat ist ein Verwaltungsbezirk, eine »Gespanschaft«. Außerdem führte er die Oberaufsicht über das Landesarchiv. Dank seiner zahlreichen Aufgaben und Rechte war der Palatin somit der eigentliche Regent in Ungarn mit vielen Vollmachten, aber auch ein reicher Fürst, der über angemessene Mittel verfügte. Gewählt wurde er vom Reichstag aus vier vom König vorzuschlagenden Kandidaten.

Die Lage in Ungarn

Die französische Revolution hatte viel Unruhe über Europa gebracht. Die Koalitionskriege, Napoleon, der Reichsdeputationshauptschluss und der Wiener Kongress hatten Europa verändert. Österreich hatte seinen vorderösterreischen Besitz an Bayern und Württemberg verloren, war 1806 Kaiserreich geworden.
Kaiser Franz war bestrebt, Ruhe, Recht und Ordnung zu wahren. Getreu seinem Wahlspruch *Iustitia regnorum fundamentum* (Gerechtigkeit ist die Grundlage der Herrschaft) war er zwar der »gute Kaiser Franz«, lebte einfach, fast bürgerlich, zeigte sich leutselig und hilfsbereit, doch streng und unerbittlich, ja hart, wenn es sich um die Verteidigung der Grundsätze handelte, auf denen der Staat aufgebaut war. Unbeugsam und unzugänglich blieb er gegenüber demokratischen Bewegungen und Gesinnungen und trat als Führer der Reaktion gegen die Ideen der Französischen Revolution auf. Als seine heiligste Pflicht sah er es an, den »Dämon der Revolution zu bremsen«. Auch seine Politik gegenüber Ungarn, dessen König er war, stützte sich auf die feudalen konservativen Kräfte. Das Bild, das

die rückständige ungarische Gesellschaft bot, fügte sich gut in sein fortschrittfeindliches Konzept. Seinem Sohn Ferdinand hinterließ er als Testament die Maxime: »Regiere und ändere nichts!«
Wien setzte seine Anordnungen oft mit Gewalt durch, und bis zum Jahr 1825 wurde der ungarische Landtag nicht mehr einberufen. Die Einwohnerzahl Ungarns erreichte die 12-Millionen-Grenze, davon waren etwa 600.000 Adelige, 500.000 städtische Bürger. Den überwiegenden Anteil der Bevölkerung stellten die Leibeigenen.

Joseph als Palatin

In seiner Zeit als Palatin hat sich Joseph große Verdienste um das wirtschaftliche und kulturelle Leben Ungarns erworben. Er war ein gebildeter, liebenswürdiger Fürst und wurde von den Ungarn »der Gute« genannt. Bei strittigen Fragen versuchte er immer zwischen »seinen« Ungarn und Wien zu vermitteln und fand meist gangbare Kompromisse. So hat er für sein Land viel geleistet und viel auf den Weg gebracht, etwa den Bau der Kettenbrücke, die Gründung der Donaudampfschiffgesellschaft und den Bau des ungarischen Nationalmuseums, dem er wertvolle Handschriften schenkte. Weitgehend fühlte er sich als Ungar, was in Wien oft einen bösen Widerhall fand. So vor allem sein Ausspruch im ungarischen Landtag von 1805: »Auch in meinen Adern fließt das Blut von Árpád.« Dieser war der erste ungarische Großfürst gewesen, der um das Jahr 900 die Ungarn in dieses Land geführt hatte. Maria Dorotheas Ururenkel, der heutige Senior der ungarischen Habsburger Linie, hört auf den Namen Joseph Árpád.

Die Brautwerbung

Eine Verbindung zwischen dem Haus Habsburg und dem Haus Württemberg kam dem kaiserlichen Hof in Wien sehr gelegen. Friedrich, württembergischer König, hatte sich nach den verheerenden Niederlagen Napoleons von 1812 in Russland und 1813 in der

Völkerschlacht bei Leipzig gegen den französischen Kaiser gewandt. 1814 nahm er persönlich am Wiener Kongress teil und schloss sich 1815 dem Deutschen Bund an. Nach König Friedrichs unerwartetem Tod im Jahr 1816 hatte dessen Sohn Wilhelm I. den württembergischen Thron bestiegen.
Die Brautwerbung Josephs um Maria Dorothea lief nach damaligem Brauch und den entsprechenden Hausgesetzen an höchster Stelle auf diplomatischem Weg ab. Zunächst beauftragte Kaiser Franz I. seinen Fürsten Metternich, beim württembergischen König anzufragen, ob er zu dieser Verbindung seine Zustimmung gebe. Metternich schrieb nach Stuttgart, der Erzherzog Palatin habe den Wunsch, sich »mit der Prinzessin Marie von Württemberg, Tochter der Frau Herzogin Louis Hoheit« zu vermählen, und der österreichische Kaiser Franz I. genehmige die Wahl, die sein Bruder getroffen habe.
Am 28. April 1819 überbrachte Graf Zeppelin diesen Brief König Wilhelm I. Und am 10. Juni übergab der beim württembergischen König beglaubigte kaiserlich-österreichische Gesandte Graf Joseph v. Trautmannsdorff die offizielle Brautwerbung. Nun »geruhte« König Wilhelm I., diesem »hiezu vormittag 11 Uhr eine eigene Audienz zu erteilen«, um die »förmliche Anwerbung zu machen«. Den weiteren Formalitäten stand nichts mehr im Weg.

Der Ehevertrag

Ein Ehevertrag wurde erstellt, durch den Maria Dorothea »Österreicherin« wurde. Damit erloschen verschiedene württembergische Rechte und Ansprüche. Ebenfalls geregelt wurden die schwierigen Konfessionsprobleme.
Der Vertragstext beginnt: »Im Namen der Allerhöchsten und unteilbaren Dreieinigkeit ist zwischen Seiner Kaiserlichen Hoheit dem Durchlauchtigsten Prinzen und Herrn Joseph Anton, Erzherzog von Östreich, Ritter des Goldenen Vlieses … und der Durchlauchtigsten Prinzessin und Frau Marie Dorothee Louise Wilhelmine Caroline, Herzogin von Württemberg mit Zustimmung und Genehmigung seiner Königl. Majestät von Württemberg und Seiner Kaiserl.

Königl. Apostolischen Majestät, als Allerdurchlauchtigster Familien Oberhäupter…«

Nun folgen als Vertragszeugen »die durchlauchtigste Mutter der gedachten Prinzessin Braut« Herzogin Henriette und der Vormund Obersthofmeister Carl Alexander Sigmund Freiherr von Seckendorf.

Im Vertrag wird zunächst festgestellt, dass die beiden Verlobten sich aufrichtige Liebe und Hochachtung versprechen und ihre Ehe »in wechselseitiger Treue und Beständigkeit lebenslang« führen wollen. Ein einschneidender, für Maria Dorothea nicht erfreulicher Punkt ist, dass »die nach Gottes Segen aus dieser glücklichen Verbindung zu erwartenden Kinder« katholisch erzogen werden müssen. Der Braut wird aber eine »ungehinderte Religionsübung« und ein eigener evangelischer Hofkaplan zugesagt.

Es folgt die Festlegung ihrer Aussteuer. Sie erklärt ihren Verzicht auf die württembergische Erbfolge. Die kaiserliche »Morgengabe« wird auf 50.000 Gulden Wiener Währung festgelegt. Es wird bestimmt, dass sie sich bei der Erziehung ihrer Kinder die Leitung der kaiserlichen Majestät »erbitten« muss.

Am 20. August wird dieser Vertrag offiziell ratifiziert. In einer »Kaiserlichen Verschreibung für den Fall der Verwitwung« wird der Witwenunterhalt festgelegt. Ausdrücklich wird Maria Dorothea ein Witwensitz »in dem Bezirke unserer Erbstaaten mit Berücksichtigung ihrer diesbezüglichen Wünsche« versprochen. Wir werden später sehen, dass diese Zusage nicht erfüllt wurde und ihr Wunsch, als Witwe in Ungarn bleiben zu dürfen, abgelehnt wurde.

Die Hochzeitsfeier

Am 22. August 1819 traf Joseph in Stuttgart ein. Zuerst machte er noch abends um sechs Uhr seinen Antrittsbesuch bei König Wilhelm I., der nur eine halbe Stunde dauerte. Dann reiste Joseph gleich weiter nach Kirchheim unter Teck, um noch am gleichen Abend seine Braut begrüßen zu können.

Am nächsten Tag begann »in den inneren Gemächern des Schlosses« das Hochzeitsfest, und zwar mit der feierlichen Unterzeichnung des

Ehevertrags durch Braut und Bräutigam und der Verzichterklärung der Braut auf die Erbfolgerechte im Königreich Württemberg.
Nachmittags um zwei Uhr schritt dann die hochzeitliche Gesellschaft in den festlich geschmückten Saal. König Wilhelm war persönlich anwesend, dazu die Brautmutter Herzogin Henriette, die Schwester Amalie mit ihrem Gemahl, Prinz Joseph von Sachsen-Hildburghausen, mit dem sie zwei Jahre zuvor im gleichen Schloss getraut worden war, die Schwestern Pauline und Elisabeth, der Bruder Alexander, die von beiden Herrscherhäusern als Trauzeugen abgesandten Herren Minister und »der Hofstaat«. Trauzeugen waren von württembergischer Seite der Staatsminister und geheime Ratspräsident Freiherr von der Lühe und der Staats- und Polizeiminister Freiherr von Phull-Rieppur, von österreichischer Seite der kaiserlich-königliche Kämmerer und außerordentliche Gesandte und bevollmächtigte Minister am württembergischen Hof Graf von Trauttmannsdorf.
Die höchsten Geistlichen des Landes zelebrierten die ökumenische Trauung:
Zuerst hielt der katholische Bischof, Staatsrat Johann Baptist von Keller, seine Trauansprache und segnete das Brautpaar »nach dem Gebrauche der katholischen Kirche« ein. Keller war der höchste katholische Würdenträger in Württemberg, »Titularbischof«, also Bischof ohne Bistum, von Evara *in partis infidelium*, das heißt »in den Gebieten der Ungläubigen«. 1828 wurde er der erste Bischof der neu gegründeten württembergischen katholischen Diözese Rottenburg.
Unmittelbar darauf folgte der evangelische Oberhofprediger August Heinrich d'Autel, der Maria Dorothea schon konfirmiert hatte und inzwischen zum Prälaten und Oberkonsistorialrat aufgestiegen war, mit einer »passenden Rede« und mit dem evangelischen Trauakt. Das Protokoll der Eheschließung, von den beiden Trauzeugen Lühe und Phull-Rieppur unterzeichnet und mit drei roten Lack-Siegeln versehen, liegt bei den württembergischen Hofakten im Archiv.
Nach der Feier in der Schlosskapelle folgte das Hochzeitsessen. König Wilhelm kehrte nach der Tafel in die Hauptstadt zurück.

Brief an den Kaiser

Gleich nach ihrer Hochzeit schrieb Maria Dorothea noch von Kirchheim aus einen Brief an ihren neuen Schwager, den Kaiser Franz I. von Österreich, mit dem sie von Anfang an gute familiäre Verhältnisse herstellen wollte:

»Euer Kaiserliche Majestät werden mir gnädigst gestatten, daß ich, Höchstdenenselben meine gestern vollzogene Vermählung mit dem Erzherzog Palatin nicht nur untertänigst mitzuteilen die Ehre habe, sondern auch diese Gelegenheit benutze, mich der Gnade Euer Kaiserlichen Majestät zu empfehlen. Ich hoffe, mein Bestreben soviel in meinen Kräften steht, zum Glücke eines teuren Bruders beizutragen, wird Euer Kaiserlichen Majestät beweisen, wie tief ich das Glück in nähere Verbindung mit Höchstdemselben zu treten fühle.

Mit tiefster Ehrerbietung verharrend, Euer Kaiserlichen Majestät untertänigste Schwägerin Marie.«

Glückwünsche an Kaiser Franz aus aller Welt

Kaiser Franz freute sich, dass sein Bruder wieder eine Frau gefunden hatte, und teilte dieses Ereignis allen Fürstenhäusern mit. Er war ja mit fast allen verwandt oder verschwägert. Auf sein Schreiben vom 28. September kamen Glückwünsche aus der ganzen Welt nach Wien. Kurfürst Wilhelm von Hessen-Kassel fühlte sich durch das kaiserliche Schreiben zu einem »Ausdruck wahren Dankgefühls« verpflichtet und schickte daher »wegen dieses freudigen Ereignisses« seinen »innigsten Glückwunsch«. Er unterschrieb als »Vetter und Diener«.

Die Tochter von Kaiser Franz, verheiratet mit Napoleon, der schon seit 1815 auf die Insel Helena verbannt war, gratulierte aus Parma – ihrem Vater »und Bruder« (als Kaiserin) – »Monsieur Mon Frère et très cher Père«. Sie unterschrieb als »untertänigste« Tochter, Marie Louise.

Eine andere Marie Luise, eine geborene spanische Infantin, gratulierte aus ihrem eigenen – von Napoleon geschaffenen – Herzogtum Lucca.

Die dritte französisch geschriebene Gratulation kam vom König Ludwig XVIII. aus Frankreich. Auch er unterzeichnete als guter Bruder (»Bon Frère«) und Cousin.
Auch Wilhelm I., König der Niederlande, schickte Glückwünsche, in denen er den Kaiser mit »Monsieur Mon Frère« titulierte und als »Confrère Guillaume« unterzeichnete.
König Georg von England zeichnete seine Gratulation als seiner Majestät »Good Brother and Cousin«.

Die Aussteuer

Die Aussteuer der Braut ist bis ins Einzelne in einem handschriftlichen Inventar aufgelistet, die noch vorhanden ist. Besonders amüsant ist es für uns heute, wie die Kleider, die Maria Dorothea mit in die Ehe bekommen hat, beschrieben werden, z. B. ein rosa gestreiftes Kleid in Moiré mit rosa Tüll-Garnitur mit Rüsche aus Seidenspitzen um den Hals und Gürtel, ein Kleid aus blauem Rips mit Girlanden aus weiß broschiertem Samt mit blauer Garnierung, Spitzenrüschen um den Hals und Gürtel. Es sind auch Kleider im ungarischen Stil dabei. Beraterin für diese Garderobe war Madame Emilie de Palis in Paris. Anscheinend ist aber Maria Dorothea gar nicht in den Genuss dieser Aussteuer gekommen. Am 16. November 1819 berichtet nämlich der Schwäbische Merkur, dass »in der verflossenen Woche« auf der Donau in der Gegend von Theben bei Preßburg ein Schiff verunglückt sei, auf dem sich »die Aussteuer und andere Effekten« von Maria Dorothea und verschiedene Kunstwerke, die Joseph in Italien erworben hatte, befanden. Man versuchte zwar noch einiges zu retten, der Schaden sei aber bedeutend.

Reisen in den Flitterwochen

Die ersten Tage nach der Eheschließung brachten den Neuvermählten wichtige Ereignisse, die in der Tagespresse gebührend gewürdigt wurden: Besuche in Stuttgart und Ludwigsburg, die mit Konzert-

und Opernveranstaltungen verbunden waren und auch dem diplomatischen Korps und dem Hof die Möglichkeit gaben, dem Paar Glückwünsche zu übermitteln.

Im Stuttgarter Hoftheater dirigierte Hofkapellmeister Josef von Lindpaintner die Oper »Elisabeth, Königin von England«, die Rossini im Jahre 1815 in Neapel uraufgeführt hatte. Das frisch vermählte Erzherzogspaar wurde mit stehenden Ovationen begrüßt.

Dann ging es zu der Gemäldesammlung der Brüder Boisserée. Diese berühmte Sammlung vor allem altdeutscher und altniederländischer Maler hatte auf Goethe einen tiefen Eindruck gemacht; sie befand sich in dieser Zeit in Stuttgart. Im Jahr 1827 hat sie dann König Ludwig I. von Bayern für seine Alte Pinakothek in München erworben.

In Ludwigsburg besuchte das Paar die Königin-Witwe Charlotte Mathilde, geb. Prinzessin von Großbritannien, Maria Dorotheas Tante. Seit 1816 lebte sie zurückgezogen in Trauer und enttäuscht. Sie frühstückte jetzt mit dem jungen Paar.

Auch die Kunstsammlung von Hofrat v. Dannecker war einen Besuch wert. Der Bildhauer und Professor für bildende Künste an der Stuttgarter Akademie ist durch seine Schillerbüste berühmt geworden.

Abends wurde nach einem »Cercle« im Weißen Saal des neuen Schlosses noch ein Konzert gegeben, zu dem auch die königlichen Kollegien Zutritt hatten.

Tags darauf ging Joseph in die katholische Eberhardskirche zur Messe. Dann verbrachten die Jungvermählten noch ein paar Tage in Kirchheim. Am 1. September waren sie noch einmal beim König.

Im September besuchten die Neuvermählten die verwitwete Herzogin Amalie auf Schloss Schaumburg an der Lahn. Für die Heirat mit dem Erzherzog Joseph hatten Hermines Eltern damals die Burg beleihen und viel Geld aufnehmen müssen, um die notwendige Aussteuer aufzubringen. Leider war die Ehe nur sehr kurz gewesen. Schloss Schaumburg erbte später Maria Dorotheas Stiefsohn Stephan, weil seine Mutter Erbprinzessin war. Als Stephan im Jahre 1848 nach den Unruhen in Ungarn sein Palatinsamt aufgeben musste, zog er sich dorthin zurück. Da er unverheiratet blieb, setzte er Georg Ludwig von Oldenburg zum Erben ein.

Am Wiener Hof

Ende September 1819 fuhr das Paar schließlich über Nürnberg nach Wien, wo es zwei Wochen lang blieb. Täglich fanden »Präsentationen« beim dortigen Adel statt. Daneben zeigte Joseph seiner jungen Frau die »Merkwürdigkeiten« der Stadt. Hier trafen sie zufällig auch Maria Dorotheas Onkel, den Herzog Alexander von Württemberg, der mit seiner Tochter, gleichfalls einer Prinzessin Maria, auf der Durchreise nach Italien einen längeren Wien-Aufenthalt eingelegt hatte. Ein »Familienmahl« wurde abgehalten, an dem auch der junge Prinz Eugen teilnahm, Sohn des Herzogs Eugen aus Carlsruhe in Oberschlesien, wo Maria Dorothea geboren wurde. Er war ein glänzender Offizier, hatte sich als russischer General beim Kampf gegen Napoleon mehrmals ausgezeichnet und war mit hohen Orden geehrt worden. Überdies war er sehr musikalisch und ein ausgezeichneter Komponist. Seine Werke werden auch heute noch aufgeführt.
Am Habsburger Hof fühlte sich die junge Palatinissa nicht wohl. Sie spürte eine ausgeprochene Abneigung der dortigen Hofkreise gegen sich. Die Hofdamen intrigierten gegen den württembergischen Ankömmling, und den Kirchenfürsten war die »unbeugsame Ketzerin« ein Dorn im Auge. Über ihren ersten Besuch in Wien sagt sie deshalb später: »Vor Wien bin ich schon als Braut an der Seite meines geliebten Erzherzogs zurückgeschreckt.«

Die Kusine Erzherzogin Henriette

In Wien traf Maria Dorothea ihre gleichaltrige Kusine Henriette, die Tochter ihres Onkels Friedrich Wilhelm von Nassau-Weilburg, der einst für ihre Mutter praktisch Vaterstatt eingenommen hatte. Henriette, getauft auf den Namen von Maria Dorotheas Mutter, war gerade achtzehn Jahre alt, als sie in Weilburg den 26 Jahre älteren Erzherzog Karl, Josephs Bruder, heiratete. Dieser hatte im Mai 1809 als genialer Feldherr gezeigt, dass man auch gegen Napoleon siegen kann, und wurde seither der »Sieger von Aspern« genannt. Henriettes Trauung war nach katholischem Ritus gefeiert worden, und die

Kinder sollten in der katholischen Glaubenslehre erzogen werden. Sie selbst aber war evangelisch geblieben. Die Formulierungen im Ehevertrag zeigen deutliche Parallelen zu jenen von Joseph und Maria Dorothea. Henriette wohnte abwechselnd in Wien und auf Schloss Weilburg bei Baden in Niederösterreich, das Erzherzog Karl nach dem Muster ihres Stammschlosses von Baumeister Kornhäusel hatte erbauen lassen, um »seiner sehr geliebten Frau die deutsche Heimat etwas zu ersetzen«. Sie veranlasste, dass man an der reformierten Kirche in Wien, die bis zum »Protestantenpatent« keinen Eingang zur Straße haben durfte, eine Tür ausbrechen ließ. Dies wurde mit dem juristischen Winkelzug begründet, »dass diese zu eröffnen angetragene Türe vorerst in einen Gang führt, aus welchem erst der Eingang in das Bethaus statt haben kann, und dass daher die Eröffnung dieser Türe den Verordnungen nicht zuwider sei«. Allerdings wurde sie nach Henriettes Tod wieder zugemauert. Außerdem hat Henriette in Österreich die »evangelische« Sitte eingeführt, an Weihnachten einen Christbaum im Zimmer aufzustellen und zu schmücken.

Die Ehe von Henriette und Karl galt als »eine der harmonischsten des Kaiserhauses«. Ihr entsprangen sieben Kinder, so auch Maria Theresia (geb. 1816), die spätere Königin von Neapel-Sizilien. An Weihnachten 1829 erkrankte Henriette an Scharlach und starb nach wenigen Tagen. Die Kapuziner wollten sich dagegen wehren, die Protestantin in der Kapuzinergruft beizusetzen, aber Kaiser Franz trat mit den Worten für sie ein: »Sie hat als Lebende unter uns geweilt, sie soll es auch als Tote«, und drohte damit, im Verweigerungsfalle alle kaiserlichen Särge aus der Gruft zu entfernen. Henriette erlebte nicht mehr, dass ihr Sohn Karl Ferdinand im Jahre 1854 die Erzherzogin Elisabeth, Maria Dorotheas Tochter, heiratete. Die beiden evangelischen Erzherzoginnen im Hause Habsburg, Henriette und Maria Dorothea, von Geburt an Kusinen, dann Schwägerinnen, wären so auch noch Gegenschwiegerinnen geworden.

4. Palatinissa in Ungarn

Ankunft in Ofen

Am 16. Oktober verließ das Paar Wien. Am 17. Oktober, abends um halb sieben Uhr, kam die kaiserlich-königliche Kutsche endlich ans Ziel, auf die Burg in Ofen, in Maria Dorotheas neue Heimat. Das erzherzogliche Paar wurde ohne großen Pomp begrüßt und von Josephs Vetter Erzherzog Ferdinand empfangen, der seit 1815 das »Generalkommando« in Ungarn führte.
Die »Burg«, Josephs Residenzschloss auf dem Ofener Burgberg, war im 18. Jahrhundert auf dem alten Burggelände im Barockstil neu erbaut worden. Aus den Fenstern blickte man über die Donau auf die Zwillingsstadt Pest hinüber, die erst 1872 mit Ofen (ungarisch

Die Burg in Ofen

Buda) und Altofen (Óbuda) zur heutigen Stadt Budapest vereinigt wurde. Ofen, die Stadt auf dem Berg mit der Burg, zählte damals 50.000 Einwohner, Pest, am jenseitigen Ufer der Donau, doppelt so viele. Heute leben in Budapest mehr als zwei Millionen Menschen.
An den folgenden Tagen besuchte Maria Dorothea die Ofener und Pester Umgebung und lernte die öffentlichen Einrichtungen kennen. Am 20. Oktober beehrte sie das Nationalmuseum mit ihrem Besuch. Am 24. Oktober wurde eine kleine Hofgala gegeben. Dann begrüßten die Militärbeamten unter Erzherzog Ferdinand die Palatinissa.

Stephan und Hermine

Zuerst wartete auf die junge Frau die Mutterrolle für das Zwillingspärchen Stephan und Hermine, das gerade zwei Jahre alt war. Sie schloss die Kleinen schnell ins Herz und liebte sie wie eigene Kinder.
Als sie älter wurden, schätzte Maria Dorothea die Meinung des intelligenten Stephan. In ergreifender Weise sorgte sie sich später auch um ihn, der 1847 nach Josephs Tod der unglückliche letzte ungarische Palatin werden sollte und dessen Schicksal in vielem ihrem eigenen glich.
Stephan ließ es an Dankbarkeit gegenüber Maria Dorothea nie fehlen. Als er bereits Palatin war, besuchte ihn einmal der evangelische »Landesgeistliche« Joseph Székács mit einer kirchlichen Abordnung und sagte zu ihm: »Ihre königliche Hoheit darf nicht vergessen, dass Sie von einem protestantischen Herzen und unter protestantischen Händen gehegt und erzogen wurden.« Und Stephan vergaß nicht, was er Maria Dorothea schuldig war.
Hermine, Stephans Zwillingsschwester, widmete später ihr ganzes Leben der Wohltätigkeit. Sie wurde Äbtissin des Theresianischen adeligen Damenstiftes auf der Prager Burg. Nach ihrem Tod in Wien am 13. Februar 1842 wurde sie in Budapest beigesetzt. Zu ihrem Gedächtnis wurde in der Pester Stadtau die Herminen-Kapelle gebaut.

Familienharmonie statt strenger »Spanischer Etikette«

An der Seite ihres Mannes fühlte sich Maria Dorothea auf der Burg in Ofen von Anfang an wohl. Sie brachte Herz und Seele in ihr neues Heim und ihre Familie. Im Haus herrschte unverkrampfte Fröhlichkeit und Liebe. Mit Maria Dorotheas Ankunft zog aus dem Schloss in Ofen die Habsburgische »spanische Etikette« aus. Dafür zogen protestantische Ungezwungenheit und wärmende Heimeligkeit ein.

Als die junge, schöne Hermine, Josephs zweite Frau, noch gelebt hatte, gab es am Hof des Palatins ein lustiges Leben mit Bällen und Festen. Hermine bestellte dazu eine Kapelle aus Bihar auf das Schloss, schmückte sich mit Perlen und lauschte den schönen ungarischen Weisen.

Maria Dorothea lebte eher zurückgezogen. Sie mied das geräuschvolle öffentliche Leben, gab keine Bälle und »Thés dansants«, Tanztees, wie sie damals üblich waren, bevorzugte stattdessen Handarbeiten und wissenschaftliche Lektüre.

Sie liebte und umsorgte ihren Mann und bemutterte die Kinder. Das Verhältnis zu ihnen war so ungezwungen, wie es an anderen Habsburger Höfen undenkbar gewesen wäre. Man verspottete sie daher am Wiener Hof als »Kindsfrau« und nahm ihr übel, dass sie beim Umgang mit ihren Kindern nicht die höfischen Regeln und Grenzen beachtete.

Beispielsweise war ihre Tür für die Kinder immer offen. Auch wenn gerade Fremde zur Audienz da waren, kamen sie ungezwungen herein. Ein kleines Beispiel. Maria Dorotheas Tochter Maria Henriette war gerade sieben Jahre alt. Die Mutter befand sich im Gespräch mit einigen eng vertrauten Personen. Da stürzte die kleine Maria Henriette ins Zimmer, fiel ihrer Mutter mit einem Kuss um den Hals und meldete, sie habe Hunger. Maria Dorothea ließ sich dadurch nicht aus der Ruhe bringen. Lachend klingelte sie der Kammerfrau, und die Kleine konnte ihren Hunger stillen.

»Wohltätiger Frauenverein«

Zur damaligen Zeit gab es in Ofen und Pest viel Not und Elend. Hungersnöte, Überschwemmungen und andere Katastrophen sowie ein unvorstellbar niedriger Lebensstandard der einfachen Bevölkerung hatten dem Palatin und vor allem auch schon seiner zweiten Frau Hermine viel Kummer bereitet. Hermine hatte versucht, Abhilfe zu schaffen und zu diesem Zweck einen »Wohltätigen Frauenverein« gegründet, die »Frauengesellschaft«, der vor allem adelige Frauen angehörten. Diese sollten – z. B. durch Sammeln von Geld und Naturalien – Bedürftigen beistehen.
Vereine durften damals nur mit Genehmigung des Kaisers gegründet werden. Hermine hatte daher an ihren Schwager, den Kaiser geschrieben: »Eure Majestät! Veranlasst durch die außerordentliche Dürftigkeit und Not, welche gegenwärtig unter denen armen Menschenklassen der beiden königl. Hauptstädte Ofen und Pest herrscht, hat sich eine namhafte Anzahl von Frauen aus dem Adel und den höheren Bürgerklassen besagter Städte entschlossen unter der Ober-

Gräfin Therese Brunswick

leitung der Endesunterfertigten, Vereine zur Unterstützung wahrhaft bedürftiger Inwohner und Linderung des Elendes ihrer Mitbürger zu bilden. – Ich unterfange mich dieses Vorhaben zur allerhöchsten Kenntniß zu bringen und Eure Majestät zu bitten, diesen unter meiner Oberleitung zu bildenden Vereinen den allerhöchsten Schutz angedeihen zu lassen. Sobald die nach dem Vorbilde der von Eurer Majestät genehmigten Verfassung der »Kleinen Gesellschaft adeliger Frauen« ausgearbeiteten Statuten obbenannter Vereine vollendet sind, werde ich nicht ermangeln, dieselben Euer Majestät zur allerhöchsten Bestätigung vorzulegen. Ofen, am 10. März 1817, Hermine m.p.«

Hermines Mann, der Palatin, hatte diesem Schreiben einen eigenen Brief an seinen Bruder beigelegt: »Eure Majestät! Vermöge allerhöchster Verordnung dürfen inner den Grenzen des österreichischen Kaiser-Staates keine, wie immer nahmenhabende Gesellschaften oder Vereine ohne allerhöchste Zustimmung bestehen. Ich unterlege daher anliegende Bitte meiner Gemahlin, als Oberhaupt der sich in Ofen und Pest zur Unterstützung wahrhaft bedürftiger Inwohner und Linderung des Elendes der geringeren Volksklassen, nach dem Muster ähnlicher von Euer Majestät in anderen Theilen Ihres Kaiserstaates genehmigten Anstalten bildenden Frauen-Vereine, um Euer Majestät Schutz für diese Vereine, der allerhöchsten Einsicht und Genehmigung, welcher ich nachträglich vorgeschriebenermaßen den Entwurf der Verfassung und Statuten dieser Vereine nächstes zu unterbreiten nicht ermangeln werde. Ofen, am 10. März 1817. Joseph, m. p. Palatin.« Der Kaiser erteilte seine Zustimmung.

Der Verein wurde gegründet, und Erzherzogin Hermine übernahm die Schirmherrschaft. In einem Geschäftsbericht wurde festgehalten, dass gerade das Jahr 1817 ein ganz besonderes Notjahr war. Der Verein verfasste daher einen Aufruf an alle Reichen mit der Bitte um Geld- und Sachspenden, der großen Erfolg hatte und Hilfe für zahlreiche Menschen brachte. Auch die Stadtbehörden unterstützten den Verein.

Als am 14. September 1817 Erzherzogin Hermine bei der Geburt des Zwillingspärchens starb, war die Trauer groß. Vorsitzende des Wohltätigen Frauenvereins war Gräfin Therese Brunswick

(1775-1861), eine Pädagogin und Freundin Pestalozzis, außerdem Schülerin und Freundin Beethovens, der ihr die Klaviersonate Opus 78 Fis-Dur gewidmet hat. Auch nach dem Tod der Erzherzogin Hermine setzte sie die Arbeit im Verein fort. Gleich nach ihrer Ankunft in Ofen übernahm Maria Dorothea »gnädig« die Schirmherrschaft über den Frauenverein, besuchte regelmäßig die Versammlungen und nahm regen Anteil am weiteren Blühen und Gedeihen des Vereins. Sie unterstützte ihn materiell und mit Rat und Tat und bemühte sich auch sonst um soziale Verbesserungen in Ungarn. Bis zum Zweiten Weltkrieg trug der Frauenverein ihren Namen.

Linderung leiblicher und seelischer Not

Maria Dorothea erkannte zwei große Mängel im ungarischen Volk, die Ursache für das Elend waren. Die wollte sie ausfüllen: die leibliche und die seelische Not. Darum gab sie nicht nur den Hungrigen Brot, sondern sorgte auch mit Hilfe anderer für Brot für die Seele. Dabei gehörte ihre Zuneigung und Fürsorge besonders ihren Glaubensgenossen, den Evangelischen; doch half sie überall, wo sie Not sah. Jedes Jahr hat sie Hunderte, ja Tausende Bedürftige materiell unterstützt. Einheimische Arme und fremde Durchreisende sind nie von ihrer Schwelle in Ofen, in Preßburg oder in Alcsút gewiesen worden, Krüppel, Kranke, durch Feuer Geschädigte, Wanderburschen, arme Studenten, in Not geratene Schriftsteller oder Kirchenleute klopften niemals vergebens an ihre Tür. Auch wenn sie wegreiste, überließ sie z. B. ihrem Hofprediger Bauhofer größere Summen und achtete darauf, dass beim Austeilen während ihrer Abwesenheit kein konfessioneller Unterschied gemacht wurde.
Als Spenderin war sie fröhlich und offen und interessierte sich auch für das Schicksal von einzelnen ihr bekannten Armen. Sie linderte das Elend nicht nur mit Geld, sondern nahm durch ihren Besuch, persönliches Gespräch, eigene Arbeit und mühevolle Nachforschungen Anteil. Viele Kranke konnten so ein warmes Kleidungsstück vorweisen, das die fleißige Palatinissa eigenhändig gefertigt hatte.

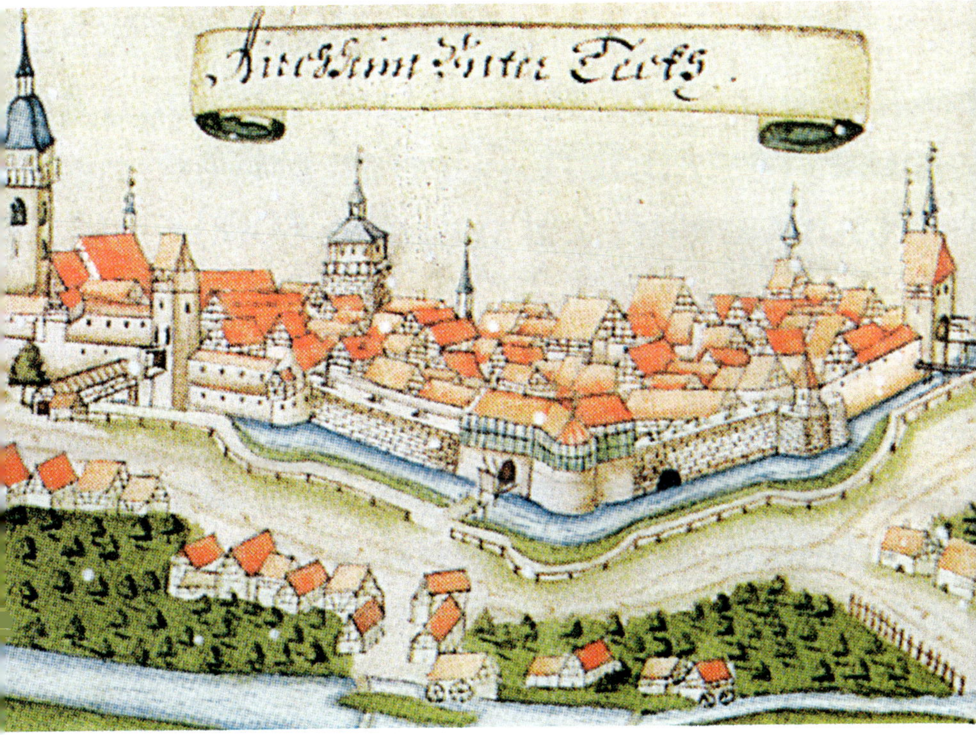

Ansicht von Kirchheim im Forstlagerbuch des Andreas Kieser von 1865 (Ausschnitt)

1683

Überschwemmung in Pest

Die heutige evangelische Kirche beim Wiener Tor

Maria Dorothea

Um den Nachwuchs von Fachleuten für die Filzschuh- und Hutproduktion zu sichern, gründete Maria Dorothea eine Gewerbeschule. Des Weiteren legte sie den Grundstein für das Kindergärtnerinnen-Institut. Auch war sie Initiatorin bei der Gründung der Blindenanstalt in Ofen.
Mit großen Summen unterstützte sie besonders ihre Glaubensgenossen, deren materielle Armut ihr aus unmittelbarer Erfahrung bekannt war. Den Kirchenbau in Ofen machte sie mit einer Stiftung von 20.000 Forint möglich. Dem Gelehrten Moritz Ballagi aus Szarvas gab sie ein Darlehen über 2000 Forint für Literaturaufgaben. Mehrere Werke ließ sie ins Deutsche übertragen und honorierte die Übersetzer gut. Frauen aus adeligen Kreisen sandten regelmäßig hilfsbedürftige Schriftsteller mit Empfehlungen wegen einer Unterstützung zu Maria Dorothea.

Maria Dorothea, die habsburgische Lutheranerin

Trotz scharfer Maßnahmen der katholischen Kirche und der Regierung gegen die »Ketzer« hatte sich die Reformation in Ungarn stark verbreitet. Manche von ihnen sind während der Gegenreformation sogar verbrannt worden. Noch im 19. Jahrhundert standen die Evangelischen unter starken Pressionen. Doch die beiden evangelischen Konfessionen breiteten sich aus: die von Calvin ausgehenden Reformierten, die sich in Ungarn als »Evangelische helvetischen Bekenntnisses« bezeichneten, und die Lutheraner, die sich dort »Evangelische Augsburger Bekenntnisses« nannten. Zwar hatte das Toleranzedikt Josephs II. von 1781 Erleichterungen gebracht; trotzdem wurde immer noch mit verschiedenem Maß gemessen, und es gab manche Unterdrückung und Benachteiligung der Evangelischen.
Das Toleranzedikt erlaubte die Gründung eigenständiger evangelischer Gemeinden, wenn mindestens hundert evangelische Familien am Ort wohnten. So viele gab es damals in Ofen und Pest noch nicht. Aber die Witwe des sehr begüterten General Beleznay, Anna Maria, gab den Anstoß, in Pest eine Kirche zu bauen. Für Bau und Unterhalt sollten nur die reichen Adeligen aufkommen, so dass für

die einfachen und meist armen Bürgerlichen keine Belastung entstand. Unter diesen Umständen erhielten die Evangelischen im Jahre 1787 die Genehmigung, eine Gemeinde zu gründen. Die erste evangelische Kirche in Pest wurde im Jahre 1811 am Kohlmarkt (heute Deákplatz) von Michael Pollack in klassizistischem Stil gebaut.

Jetzt war Maria Dorothea das »erhabenste Mitglied« der evangelischen Gemeinde. Sehr gut charakterisiert Emil Koren, der von 1971 bis 1985 evangelischer Pfarrer auf dem Ofener Burgberg war, Maria Dorothea, die »Nadorné«, d. h. die Frau des Palatins oder »Palatinissa«, in seiner Chronik der Ofener Gemeinde:

»Die Palatinissa war treu evangelisch. In ihrem Glauben und in ihrer Zugehörigkeit zur evangelischen Kirche gab sie keinem Druck nach, obwohl öfter solche Versuche von Seiten des Klerus unternommen wurden. Sie war im sogenannten ›württembergischen Pietismus‹ oder in der ›Erweckung‹ erzogen worden. Den Glauben hatte ihr vor allem ihre Mutter übermittelt, die aus dem Hause von Wilhelm von Oranjen stammende Henriette. Bis zum heutigen Tag ist Maria Dorothea das einzige evangelische Mitglied des Hauses Habsburg, allerdings nur durch Einheirat.« (Hier übersieht Koren Maria Dorotheas Schwägerin Henriette!) »Sie hatte ein außerordentlich gewinnendes Wesen. Im Charakter der Erzherzogin gab es nichts Herablassendes, ihre Seele war andern Menschen gegenüber aufrichtig. Sie zeigte ein fast bürgerliches Verhalten, außerordentlich ungezwungen, empathisch, dabei war sie über ihren sozialen Stand hinaus kultiviert und belesen. Sie war mehrerer Sprachen mächtig. In kurzer Zeit lernte sie in Ofen auch Ungarisch ... Diese Frau handelte entschlossen, beharrlich in ihren Maßnahmen, aber gleichzeitig über die Maßen diplomatisch. Dabei gab sie immer darauf Acht, dass sie über das eingeschränkte Amt einer Ehefrau nicht hinaustrat. Doch in den von ihr übernommenen Angelegenheiten bemühte sie sich, Ergebnisse zu erzielen.

Die Größe ihrer Persönlichkeit lässt sich vergleichen mit Elisabeth Szilágyi (der hoch geachteten Mutter des berühmten Königs Matthias I. im 15. Jahrhundert), mit Katharina Szidónia Petröczy (Dichterin und Protestantin, 1658-1708) und mit Katharina Arva Bethlen (Schriftstellerin und Gattin des Kanzlers Josef Teleki, Förderin wissenschaftlicher Bestrebungen, 1700-1759), auch wenn diese Vergleiche in Literatur und Geschichte bisher nicht angestellt wurden. Ihr Mann, der Palatin, erhielt ein Denkmal, und ein Platz wurde zu Recht nach ihm benannt; sie aber ist nur als Straßenname, der Dorottya utca zu finden.« Am 30. März 2001 weihte der leitende evangelische Bischof von Ungarn am Haus Nr. 2 dieser Straße eine Gedenktafel mit dem württembergischen Wappen ein. Darauf steht in deutscher und ungarischer Sprache: ›Maria Dorothea, ... die Namensgeberin der Straße, ... die unvergessene Wohltäterin der Ungarn‹. In der Kirche pflegte man bis zum Weltkrieg ihr ständiges Andenken im Ofener Maria-Dorothea-Frauenverein. Aber auch dieser ist vergangen. Ihre Erinnerungstafel, die in unserer Kirche neben dem Altar war, wurde in den Eingangsbereich verdrängt. Unsere Kirchenschriftsteller und -geschichtsschreiber schrieben ihre Biographie nur sehr skizzenhaft und kurz. Manchmal priesen sie etwas, dem Zeitgeist entsprechend, wie sie es empfanden. Sie trugen aber nicht in einer gehörigen Abhandlung unsere Schuld ab. Nicht nur ihre Persönlichkeit, sondern auch ihre Taten bedürfen einer fachgemäßen Würdigung, und ihr Briefwechsel bedarf einer dokumentierten Veröffentlichung. Ohne diese ist unsere Kirchengeschichtsschreibung noch mangelhaft... Sie war die *persona lutherana*, die evangelische Persönlichkeit. Über jede Charakterisierung hinaus war sie ein tief gläubiger Mensch. Und das war auch die Wurzel ihres Handelns. Für den ganzen ungarischen Protestantismus war sie eine einfallsreiche und opferbereite Wohltäterin.«

Für Maria Dorothea war die Bibel das wichtigste Buch, in dem sie täglich las. Selbst ihre Kinder erzog sie zum Bibellesen – trotz deren katholischer Konfession: In der katholischen Kirche war damals das Bibelstudium Domäne der Pfarrer, die Laien durften keine Bibel besitzen. Auch ihrem Mann hat Maria Dorothea das Bibellesen »beigebracht«, beide lasen darin und erklärten sich gegenseitig die Heilige Schrift.

Die evangelischen Pfarrer in Pest

Gleich nach ihrer Ankunft in Ofen hatte Maria Dorothea bestimmt, sie wolle sich keinen eigenen Hofprediger halten, sondern sich der Pester Gemeinde anschließen. Die Gottesdienste fanden also drüben über der Donau in Pest statt. Maria Dorothea besuchte sie regelmäßig. Sie hatte in der Kirche am Kohlmarkt eine eigene Loge, mischte sich aber meist unter das Volk.

Die evangelische Gemeinde in Pest hielt es für nicht angemessen, dass eine fromme Erzherzogin notfalls der Predigt eines einfachen Vikars zuhören sollte. Daher sollte ein ordentlicher zweiter Pfarrer berufen werden. Allerdings entsprachen die in der Pester Kirche predigenden Pfarrer nicht Maria Dorotheas geistlicher Einstellung. Sie waren zu liberal und zu wenig bibeltreu.

Im Jahr 1819 war der erste Pfarrer der Pester Gemeinde, János Molnár, gestorben. Sein Nachfolger wurde der Agendorfer Geistliche Joseph Kalchbrenner. Er war ein »gebildeter Mann von sanfter und milder Denkungsart«. Ein Nachteil war, dass er nicht slowakisch sprach. In der evangelischen Kirche von Pest mussten nämlich drei Sprachgruppen bedient werden: Deutsche, Ungarn und Slowaken. Kalchbrenner ist 1776 in Ödenburg geboren und hat dort die Schule besucht. Wie eine ganze Reihe seiner Landsleute hat er in Jena studiert, war dann Pfarrer in Pöttelsdorf und Agendorf, wo er seine Antrittsrede hielt mit dem Thema »Wie können die hohen Zwecke des evangelischen Predigtamts am sichersten erreicht werden?« Dass er ein typisches Kind der Aufklärung war, beweist auch sein Gesangbuch, die im Jahre 1824 erschienenen »Religionsgesänge«, die er Maria Dorothea widmete. Wie in den meisten Gesangbüchern dieser Zeit fehlen die alten »Kernlieder«. Viele »neue« Lieder erschienen, die aber keinen Bestand hatten. Maria Dorothea schätzte Pfarrer Kalchbrenner offensichtlich weniger als er sie. Seine Einstellung war ihr zu »aufklärerisch« und zu wenig biblisch.

Der Senior der Pester Gemeinde, Michael Lang, war ein überzeugter Humanist; doch auch er war Maria Dorothea in seinen Ansichten zu liberal.

Mit dem Schiff zum Gottesdienst

Die Fahrten über die Donau mit dem Schiff waren oft – vor allem bei Hochwasser und im Winter – beschwerlich. Maria Dorothea ließ deshalb in der Ofener Burg einen Betsaal einrichten, zu dem jeder Glaubensgenosse Zutritt hatte. Dort fanden nach württembergischem Brauch unter Teilnahme der ansässigen evangelischen Pfarrer regelmäßig Hausandachtsstunden statt, an denen die protestantischen Hofdamen und die Familien der Budapester Geistlichen teilnahmen. Manchmal kamen auch Angehörige anderer Konfessionen dazu, so zum Beispiel die Gräfin Therese Brunswick, die als »erweckte Katholikin« galt.

Die Beterin

Maria Dorothea war eine treue Beterin. In ihrem Privatgemach auf der Burg war ein Fenster, von dem sie die Stadt Ofen, den Donaufluss, drüben die Nachbarstadt Pest und das weite Land übersehen konnte. Von dort betete sie als echte Landesmutter »hinunter« auf Stadt und Land. Sie nannte es ihr »Niederbetfenster«.
Maria Dorothea hat selbst erzählt, dass sie oft an diesem Fenster darum gebetet habe, Gott möge dem ungarischen Protestantismus eine Erweckung schenken. Doch sie hat sich auch mit Taten dafür eingesetzt. Sie ermöglichte das Erscheinen von Bibeln, Gebets- und Andachtsbüchern. Johann Arndts *Bücher vom wahren Christentum* ließ sie an verschiedene ungarische Pfarrer schicken. Außerdem bat sie ungarisch sprechende Theologen, deutsche Andachts- und geistliche Liederbücher ins Ungarische zu übertragen. So ließ sie 1834 in Preßburg das Andachtsbuch *Anklopfen des Heilands* von Gossner drucken, das der alte Pfarrer Stephan Christóffy aus Misérd bei Preßburg ins Ungarische übertragen hat. Ein ungarisches Gebetbüchlein, das beim Verlag Hochschorner in Preßburg erschien, erlebte zwei Auflagen (1835 und 1837). In Pápa wurden 1841 die geistlichen Lieder des Herrnhuter Bischofs und Liederdichters Albertini gedruckt, deren Übertragung Maria Dorothea angeregt hatte und de-

ren Druck sie finanziell unterstützte. Später kam ein Büchlein mit 36 ins Ungarische übertragenen Liedern von Paul Gerhardt unter dem Titel *Szent Lant* (Heilige Laute) heraus.
Allmählich fand Maria Dorothea auch Pfarrer, die ihr geistig und geistlich verwandt waren, so Gottlieb August Wimmer in Oberschützen im Burgenland. Und schließlich ihre »Entdeckung«: In Sommerein auf der großen Schütt bei Preßburg begegnete sie Johann Georg Bauhofer, der später ihr Hofprediger werden sollte.

Die katholische Fastentafel

Im Schloss verkehrten viele katholische und evangelische Gäste. Ein kleines Problem gab es an Fastentagen, wenn den katholischen Gästen ein Fastengericht aufgetragen werden musste. Diese Frage wurde so gelöst, dass zwei verschiedene Tafeln gedeckt wurden: eine »römisch-katholische«, an der »gefastet« wurde, und eine »lutherische«, an der man sich keine Zwänge anlegen musste. Das hat später einmal zu einer komischen Situation geführt, als Andreas Fáy, ein berühmter ungarischer Dichter, zu Besuch kam. Ihm stand ein Ehrenplatz zu, aber am »lutherischen« Tisch war keiner mehr frei. Es blieb daher nichts anderes übrig, als ihn an die »römisch-katholische« Tafel zu bitten, wo er nun zwar einen Ehrenplatz hatte, aber eine Fastenspeise bekam.

Alcsút – der Sommersitz

Der Lieblingsaufenthalt Maria Dorotheas war Alcsút, das herrliche Schlossgut zwischen Ofen und dem Plattensee, in dem der Palatin seine Sommerresidenz hatte. Uralte Bäume, Seen und Wiesen zeugen noch heute von der einstigen Pracht. Im Jahre 1819 hatte der Palatin Joseph die Besitzung, einen schönen fruchtbaren Landstrich etwa 30 km westlich von Ofen, an der Straße nach Stuhlweißenburg (ungarisch Székesfehérvár) erworben. Aus dem elftausend Morgen großen Gut machte er in den folgenden Jahren ein Mustergut und

Schloss Alcsút

ein Meisterstück ungarischer Gartenbaukunst. In eine weitläufige und großartige Parklandschaft baute er ein einzigartig schönes Schloss im Stil des ungarischen Klassizismus. Wenn er durch schwere Regierungssorgen ermattet war, erholte er sich dort, schuf er sich dort ein Zuhause. Dann betätigte er sich in einfachsten Kleidern mit Spaten, Hacke, Schere und Gärtnergerät. Oft fuhr er ins Dorf, um seine Landsleute aufzusuchen und mit ihnen zu plaudern. Joseph war einer der ersten im Land, der seine Leibeigenen freiließ. Mit der wirtschaftlichen Gestaltung und zugleich mit dem Beginn des Gartenbaus erhielt auch die ganze Ortschaft Alcsút ein neues Gesicht. Im Dorf baute Joseph Bauernhäuser und die Schule. Alcsút entwickelte sich zur Sommerresidenz des Palatins, in der die Familie immer mehr Zeit zubrachte. Die Kinder spielten und gärtnerten bei dem für sie gebauten Puppenhaus. Oft durfte auch ein Freund aus dem Dorf mitspielen. Manchmal erledigte der Palatin sogar seine Staatsangelegenheiten von Alcsút aus, mehrmals suchten ihn Széchenyi, Kossuth und Deák hier auf. Auch Theresia von Brunswick, die

Gründerin der Kindergärten, die zur Freundin der Familie geworden war, kam oft nach Alcsút.
Später wurde Alcsút der Wohnsitz von Maria Dorotheas Sohn Joseph und dessen Nachkommen, der »ungarischen Habsburger Linie«. Joseph befasste sich intensiv mit dem Leben und den Gebräuchen der Zigeuner und siedelte sie sogar an. Sie verehren ihn noch heute und gedenken seiner bei ihren Zusammenkünften.

Maria Dorothea lernt Hebräisch

Maria Dorothea beherrschte eine ganze Reihe von Sprachen; sie lernte auch Altgriechisch, so dass sie das Neue Testament im Urtext lesen konnte. Doch wollte sie auch das Alte Testament im Original lesen können, daher ließ sie sich von einem jüdischen Hauptlehrer im Grassalkovich-Palast in Preßburg dreimal wöchentlich Hebräischunterricht geben. Das war eine Sensation: ein jüdischer Lehrer in einem Habsburger Palast! Vielleicht war dies selbst dem Palatin zu viel, aber er liebte und verehrte seine Frau so sehr, dass er sie gewähren ließ.
Dank ihrer theologischen Bildung war Maria Dorothea in vielen Fragen besser bewandert als mancher studierte Theologe.

Das erste Kind

Im Jahr 1820 erwartete Maria Dorothea ihr erstes eigenes Kind. Ihre Mutter Henriette reiste mit Elisabeth, Maria Dorotheas jüngster Schwester, nach Ungarn, wo die beiden am 21. Juni ankamen. Am 1. August war es dann soweit: Die kleine Elisabeth kam zur Welt. Im Schloss und im Land herrschte eitel Freude. Die Zeitungen berichteten, dass die Mutter und ihre neugeborene Prinzessin wohlauf seien. Aber schon am 23. August starb die kleine Erdenbürgerin. Die Säuglingssterblichkeit war damals hoch. Betrübt kehrten Mutter Henriette und Schwester Elisabeth vier Wochen später wieder nach Hause zurück.

Filialkirche in Ofen

Im Jahre 1821 wurde die Filialkirche in Ofen als Zweig der Pester Gemeinde gegründet. Auf der Burg wohnten 27 Evangelische, in der Wasserstadt 22. In einer Liste, die Maria Dorothea einem Brief an Bauhofer beilegte, sind sie namentlich aufgeführt. Maria Dorothea schrieb dazu: »In dieser Liste sind die, die in der Liebe gefangen wurden. Können Sie wohl diese zerstreute Herde in Seinem heiligen Namen sammeln?« Es handelte sich um Prominente und Bürgerliche, Militärs, Beamte, Deutsche, Ungarn und Leute von gemischter deutsch-ungarischer Abstammung, auch Handwerker waren darunter. Alle Berichte von den Gemeindeversammlungen wurden Maria Dorothea vorgelegt.

Glücklicherweise war die Zeit vorbei, als es den Evangelischen noch verboten war, sich auf dem Burgberg niederzulassen. Konfessionelle Streitigkeiten gab es zwar noch, aber sie wurden durch die Anwesenheit von Maria Dorothea und durch die bekannt tolerante Haltung des Palatin Joseph gemildert. Im Jahre 1821 wurde auch beschlossen, in Ofen eine evangelische Elementarschule zu errichten. Dazu zeichnete Maria Dorothea einen jährlichen Beitrag von 300 fl.

Ungarischer Reichstag in Preßburg

Preßburg war vor 1784 die ungarische Hauptstadt. Heute ist es die Hauptstadt der Slowakei und heißt Bratislava. Im St.-Martins-Dom in Preßburg wurden die ungarischen Könige gekrönt. Damals lebten dort überwiegend Deutsche. Man sprach Deutsch – kaum jemand verstand Ungarisch. Auch die ungarischen Adligen sprachen und schrieben deutsch. Die Verhandlungssprache auf den ungarischen Reichstagen war Latein. Als Graf Széchenyi auf dem Reichstag von 1825 seine Rede auf Ungarisch hielt, wirkte das wie ein Schock. Dieser Reichstag fand ohnehin großes Interesse. Das habsburgische Österreich hatte Ungarn wie eine Kolonie behandelt, und Kaiser Franz hatte seit 13 Jahren keinen Reichstag mehr einberufen.

Palatin Joseph war Präsident des Oberhauses. Während der Reichstage wohnte er mit Maria Dorothea in Preßburg. Da sein Palast unmittelbar neben dem Parlamentsgebäude lag, konnte er zum Reichstag kommen, ohne die Straße zu betreten. Im Palatinspalast kam 1833 der Sohn Joseph zur Welt.

Über den Reichstag von 1825 berichtet der Schwäbische Merkur ausführlich:

»Im September traf Kaiser Franz mit seiner Frau Karolina Auguste in Schlosshof ein, einem schönen Barockschloss, das einst die Sommerresidenz von Prinz Eugen von Savoyen gewesen war. Es liegt noch auf österreichischem Gebiet, doch schon ganz in der Nähe von Preßburg.«

In Schlosshof wurden die in Preßburg versammelten ungarischen Stände von Kaiser und Kaiserin »auf das gnädigste« empfangen. Die Anrede des Präsidenten wurde »auf das herablassendste« erwidert. Es war ja »eine Gnade«, dass sich die »erhabene apostolische Majestät« so weit »herabließ«! Nun wurden alle Abgeordneten zur Tafel gebeten. Zu dieser Einladung erschienen der Kaiser und die Kaiserin in ungarischer Nationaltracht. Bei ihrem Eintritt erhob sich die Versammlung und brach in ein »nicht zu beschreibendes Vivat« aus.

Nach diesem Spektakel kehrten die Deputierten nach Preßburg zurück und berichteten dort dem Reichstag über die Audienz beim Kaiser. Die Vollversammlung brach darauf ebenfalls in ein Vivat aus. »Der Enthusiasmus der Ungarn für das erhabene Kaiserhaus zeigte sich im schönsten Lichte.« Dieser Reichstagssitzung wohnte auch der Palatin Joseph bei.

In den nächsten Tagen folgte ein riesiger Umzug durch Preßburg. Jetzt zeigte sich auch dort die Kaiserin in rein ungarischem Kostüm. Die Magnaten, alle mit Edelsteinen, Gold und Perlen geschmückt, mit ihrem großen Hofstaat ritten unmittelbar vor Kaiser und Palatin. Fürst Eszterházys Wagen wurde von 56 Hausoffizieren begleitet. Man begab sich in die Kapelle, um dem Tedeum beizuwohnen, das vom Fürstprimas gehalten wurde. So demonstrierten Kaiserhaus und Ungarn prächtige Einheit und Einigkeit – zumindest nach außen hin.

Palatin Josephs und Maria Dorotheas Familie

Sohn Alexander

Im heutigen Jetset-Zeitalter kann man sich kaum vorstellen, wie schwierig damals eine Auslandsreise war und wie lange sie vorbereitet werden musste. Ein bisschen lassen uns Zeugnisse aus dem Archiv daran teilnehmen.

Seit der ersten Geburt sind fünf Jahre ins Land gezogen. Bei Maria Dorothea hat sich das zweite Kind angemeldet. Und ihre Mutter Henriette möchte mit Elisabeth wieder rechtzeitig zur Stelle sein. Die Reise muss aber vom württembergischen König genehmigt werden. Am 23. April schreibt daher Henriette aus Kirchheim/Teck an ihren Schwiegersohn, den »Allerdurchlauchtigsten, Allergnädigsten König«, sie wolle zur Entbindung ihrer vielgeliebten Tochter, der Frau Erzherzogin Marie von Österreich, mit der »Prinzessin Liebden« auf zwei bis drei Monate nach Ofen reisen und bitte daher »in aller Untertänigkeit« um die Genehmigung zu dieser Reise. Den Brief an König Wilhelm, der ja jetzt mit Maria Dorotheas Schwester Pauline verheiratet ist, unterschreibt sie als »untertänigste Schwiegermutter Henriette«. Als die Reise dann endlich stattfindet, begleitet die beiden Oberst Sontheim. In Ulm wird die erste Zwischenstation eingelegt. Es folgen die Grenzübertritte nach Bayern, nach Österreich und schließlich nach Ungarn. Bald herrscht große Freude im Ofener Schloss – aber auch in ganz Ungarn: Maria Dorothea bringt am 6. Juni 1825 ihren ersten Sohn zur Welt. Jetzt hat Maria Dorothea neben dem Zwillingspärchen aus Josephs zweiter Ehe ein eigenes Kind zu bemuttern. Der kleine Sohn wird Alexander getauft. Er entwickelt sich zu einem klugen, hochbegabten Kind und ist der Sonnenschein seiner Mutter. Die Ungarn knüpfen an diesen kleinen Prinzen ganz besondere Hoffnungen.

Maria Dorotheas ungarische Ansprache

Am 5. Januar 1826 empfing Maria Dorothea eine Delegation der ungarischen Stände und antwortete ihr auf Ungarisch. Das begeisterte, denn bis jetzt war, wenn nicht auf Deutsch, nur in mittelalterlichem Latein verhandelt worden. Das Manuskript ihrer Rede kam später sogar ins ungarische Nationalmuseum.
Pál Nagy verlieh im Komitatsbericht seiner Begeisterung Ausdruck: »Mit großer Freude können wir berichten, dass ihre k.u.k. herzogliche Hoheit, die Gemahlin unseres geliebten Palatins, die auch ohnehin wegen ihrer Leutseligkeit und Geneigtheit zu unserer Nationalsprache und unseren Bräuchen ein Gegenstand der nationalen Huldigung geworden ist, unserer Muttersprache neuen Glanz und Achtung verliehen hat, indem sie dieser sie ehrenden Landesgesandtschaft mehrfach mit richtiger Aussprache und wohlgesetzten Worten antwortete. Ihre k.u.k. herzogliche Hoheit ist im Stande der Frauen die Erste, die zu den Ungarn ungarisch sprach, und damit hat sie sich nicht nur die Nation für ewig verpflichtet, sondern auch dem als Ungar geborenen schwächeren Geschlecht, von dem einige, wenn auch aus selbst von Fremden verspotteter Einfalt,

sich ungarisch zu reden schämen, ein befolgenswertes Beispiel gegeben.«
Maria Dorothea drang darauf, dass auch ihre Kinder ungarisch sprechen lernten. Ihr Mann, der Palatin, interessierte sich gleichfalls für das Ungarntum.
Die ungarische Literatur wurde von der Palatinissa Maria Dorothea immer gefördert. Sie selbst verfasste die wichtigsten Dokumente in ungarischer Sprache und setzte sogar ihren Namen auf Ungarisch darunter. Zu Bauhofer sagte sie einmal: »Wie wenig ungarische Bücher gibt es und auch die werden nicht geschätzt.«
Dass ihre Liebe den Ungarn galt, machte sie in Wien verdächtig. Sicher war dies mit ein Grund dafür, dass man Maria Dorothea nach dem Tod ihres Mannes nach Wien »verbannte«.

Graf Széchenyi

Der im Jahre 1792 geborene Graf Stephan Széchenyi spielte für Ungarn – vor allem später bei den Befreiungskämpfen – eine große Rolle. Er gilt als Gründer der Ungarischen Akademie der Wissenschaften, als Initiator der Donau-Dampfschiffahrt, der Donauregulierung und der Budapester Kettenbrücke. Immer hat er versucht, guten Kontakt mit dem Palatin zu halten; er hatte auch regen Kontakt mit Maria Dorothea. Sein Tagebuch, weitgehend in deutscher Sprache abgefasst, das den ungarischen Adligen näher lag als Ungarisch, ist eine interessante Zeitquelle. In der gedruckten Ausgabe seiner Aufzeichnungen wird Maria Dorothea über zweihundertmal erwähnt.
Zum ersten Mal geschieht dies im Jahr 1827. Am 7. Januar schreibt Széchenyi, er habe in der Deputation der Erzherzogin zum Neuen Jahr Glück gewünscht. Und schon einen Tag später, am 8.1., schreibt er: »Zwei Bilder der Erzherzogin geschenkt«. Oft sind es kurze Begegnungen, über die er berichtet. Wenn er beispielsweise Schwierigkeiten hat, seine Anliegen dem Palatin in rechter Weise vorzutragen, versucht er, Maria Dorothea um Vermittlung zu bitten.

Plan der Kettenbrücke

Am 20. Januar 1828 schreibt Széchenyi in sein Tagebuch, die Hofdame Gräfin Telky habe ihm berichtet, dass die Erzherzogin ihn sehr schätze, weil er für alles Edle und Große empfänglich sei. Graf Széchenyi ist – das beweisen viele Tagebucheinträge – oft depressiv. Manchmal hegt er sogar Selbstmordabsichten. Seine Tagebucheinträge zeigen aber, wie schwer es oft für ungarische Adelige war, anerkannt zu werden. So hat es Széchenyi zutiefst gekränkt, dass er nicht zu einer Soirée am 30. Dezember 1830 eingeladen wurde. Er schreibt: »Man behandelt uns wie Hunde ... Es kränkte mich diese Erniedrigung tief! – Ohne Titel ist man im Lande bei uns gar nichts!« Am 31. Dezember schließt Széchenyi das Jahr mit dem Tagebucheintrag: »Mit Resignation den Tag begonnen, aber wohl eingesehen, dass für mich nie mehr eine ganz glückliche Stunde schlagen wird. Ungarn ist erdrückt, meine Stimme verhallet, meine Bemühungen werden keine Frucht tragen. Es war ein schöner Traum.«

Im Jahr 1829 lieh Graf Széchenyi der Erzherzogin Maria Dorothea auf deren Bitte hin seine französische Bibel, die in Paris 1819 gedruckte »Sainte Bible«, aus. Nachdem sie diese genügend studiert hatte, schickte sie die Bibel durch ihre Oberhofmeisterin »mit kleinen Papierchen« an Széchenyi zurück. Maria Dorothea hatte an einige Stellen Zettel eingelegt, mit denen sie auf bestimmte Stellen

hinwies, und zwar auf Matthäus 22, 17-22, 1. Timotheus 2, 1-3 und Titus 3, Vers 1.
»Weiset mir die Zinsmünze«, heißt es im ersten Zitat. »Und sie reichten ihm einen Groschen dar. Und er sprach zu ihnen: Wes ist das Bild und die Überschrift? Sie sprachen: Des Kaisers. Da sprach er zu ihnen: Gebt dem Kaiser, was des Kaisers ist, und Gott, was Gottes ist! Da sie das hörten, verwunderten sie sich und ließen ihn und gingen davon.« Im Timotheustext heißt es: »So ermahne ich nun, dass man vor allen Dingen zuerst tue Bitte, Gebet, Fürbitte und Danksagung für alle Menschen, für die Könige und für alle Obrigkeit, auf dass wir ein ruhiges und stilles Leben führen mögen in aller Gottseligkeit und Ehrbarkeit. Denn solches ist gut und angenehm vor Gott, unserm Heiland.« Und im Titusbrief steht: »Erinnere sie, dass sie den Fürsten und der Obrigkeit untertan und gehorsam seien, zu allem guten Werk bereit.«
So versuchte die bibelkundige Maria Dorothea Graf Széchenyi durch Bibelzitate zu lenken und ihn auf seine Pflichten dem Kaiser gegenüber aufmerksam zu machen.
Seine Antwort ist zwar nicht überliefert. Aber am Heiligen Abend 1829 schreibt er in sein Tagebuch: »Die Erzherzogin nahm meine Antwort nicht übel auf.«

Elisabeth kommt zur Welt

Am 17. Januar 1831 brachte Maria Dorothea ihr drittes Kind zur Welt, ein Mädchen. Wie ihr erstes so früh verstorbenes Kind wurde es auf den Namen Elisabeth getauft, den Namen von Maria Dorotheas jüngster Schwester.
Elisabeth heiratete im blühenden Alter von 16 Jahren Herzog Ferdinand Karl Viktor von Österreich-d'Este. Dieser Ehe entspross die Erzherzogin Maria Theresia, die später Ludwig III. von Bayern heiratete und die letzte bayerische Königin wurde. Nach nur zweijähriger Ehe starb Elisabeths erster Mann. Nun galt sie als Favoritin des jungen Kaisers Franz Joseph. Doch dessen Mutter, Erzherzogin Sophie, hatte starke Vorbehalte gegen die ungarische Habsburger Li-

Die Tochter Elisabeth
(Stich von K. Mahlknecht)

nie. Elisabeth heiratete dann 1854 Karl Ferdinand von Habsburg, den Sohn von Henriette, der anderen protestantischen Habsburgerin, Schwägerin und Kusine Maria Dorotheas. Aus dieser zweiten Ehe stammen weitere sechs Kinder, darunter Maria Christina, die später den spanischen König Alfons XII. heiratet.

So ist Maria Dorothea die direkte Urahnin des heute regierenden spanischen Königs Juan Carlos.

Sohn Joseph

Am 2. März 1833 kam der kleine Joseph Karl Ludwig in Preßburg zur Welt. Später, nach Alexanders Tod, war er Maria Dorotheas einziger eigener Sohn. Wie alle ihre Kinder hatte auch Joseph römisch-katholische Erzieher, den katholischen Burgpropst sowie Major Anders. Maria Dorothea versuchte aber, ihren Kindern möglichst viel von ihrem eigenen Glauben und ihrer Frömmigkeit mitzugeben. In goldenen Lettern ließ sie Bibelsprüche auf die Porzellanteller ihrer Kinder malen. Außerdem besuchte sie die katholischen Religionsstunden, in denen ihre Kinder unterrichtet wurden, um zu hören, was ihnen beigebracht wurde. Was sie dort in den offiziellen Religionsstunden vermisste, versuchte sie ihren Kindern selbst zu vermitteln. Sie las mit ihnen in der Bibel und erklärte schwer verständliche Stellen.

Auch während der Vater noch lebte, stand sein Sohn Joseph uneingeschränkt unter dem Einfluss der Mutter. Vertrauensvoll überließ er die Kinder seiner Frau. Es fehlte allerdings nicht an Stimmen, vor allem von Seiten des Hofes, die davor warnten, die eifrige Protestantin könne ihre Kinder in einen Widerspruch zur traditionellen Habsburger Religion bringen, zumal Maria Dorothea ihre Kinder anspornte, möglichst viele biblische Worte und Verse auswendig zu lernen. Vor allem die Priester sahen deshalb eifersüchtig auf die Palatinissa. Sie fürchteten, die Mutter wolle ihre Kinder »bekehren«.

Der Sohn Joseph
(Stich von Franz Eybl)

Der Sohn Joseph las gern und fleißig in der Bibel, besonders liebte er die Psalmen. Auch lernte seine Mutter mit ihm die schönsten Verse aus dem evangelischen Gesangbuch auswendig. Er wetteiferte dann mit seinen Schwestern im Unterricht, möglichst viele Worte und Verse zu kennen. Die Mutter hatte große Freude daran, dass die Kinder diese so gut aufnahmen, doch der Propst war wenig angetan. Wenn die Kinder einander im Aufsagen solcher Sprüche überboten, konnte der Propst etwas verdrießlich zu Joseph sagen: »O, Sie sind doch ein wirklicher biblischer Held!« Das war aber nicht als Lob gemeint. Major Anders verbot Joseph später das Bibellesen ganz. Der lebhafte Junge, der dem Propst so oft widersprochen hatte, hatte sich diese Freiheit auch bei Major Anders herausgenommen. Allerdings las er heimlich bei Lampenlicht in der Bibel, ehe der Diener morgens zum Wecken kam.

Kaiser Franz stirbt

Am 2. März 1835 starb Josephs Bruder Kaiser Franz, der »Biedermeierkaiser«, so genannt, weil er von eng begrenzter, überschaubarer Häuslichkeit war, fernab von den Herrschaftsträumen seiner Vorfahren, die sich oft genug für den ganzen Erdkreis verantwortlich fühlten. Seine letzten Worte richtete Kaiser Franz an seinen Bruder Joseph, und sie betrafen Ungarn. »Nachdem der sterbende Monarch ihnen (seinen Kindern und Brüdern) seinen Segen erteilt hatte, hob er die Hände zum Himmel und sagte mit inbrünstiger Stimme: ›Ich beschwöre Euch, meine Teuren, die Ihr mich hier sterben seht, gedenkt dieses Augenblicks, seid fromm und einträchtig, und der Himmel wird Euch segnen‹. Nach diesen, mit viel Anstrengung gesprochenen Worten verfiel der Sterbende in große Schwäche, und die Umstehenden entfernten sich. Einige Minuten später, als der Monarch wieder etwas zu Kräften gekommen war, verlangte er den Erzherzog Palatin zu sprechen. Er unterhielt sich mit diesem ungefähr zehn Minuten, die ihm noch vergönnt zu sein schienen, um die Wohlfahrt Ungarns dem Erzherzog ans Herz zu legen. Gleich darauf setzte der Todeskampf ein.«

Auf den Thron kam nun sein etwas schwachsinniger und unter epileptischen Anfällen leidender Sohn Ferdinand. Die Regierung führte eine »Staatskonferenz«, der Staatsminister Metternich und Erzherzog Ludwig angehörten.

Eine der ersten Amtshandlungen Kaiser Ferdinands betraf Ungarn. Schon am 2. März schrieb er an Joseph:

»Lieber Oheim, Erzherzog Palatin!

Ich halte es für eine der ersten Angelegenheiten bei dem Antritt Meiner Regierung, mit tief bewegtem Herzen Meinen Dank auszudrücken, zu dem Ich Mich durch die hohen Verdienste aufgefordert fühle, die Euer Liebden um Meinen unvergesslichen verklärten Vater, und Mein teures Königreich Ungarn so rühmlich bekleiden, Sich erworben haben. Ich rechne darauf, dass Sie mit gleicher Liebe und Anhänglichkeit auch Meine, dem allgemeinen Wohle und dem Glück Meiner getreuen Ungarn geweihten landesväterlichen Absichten fördern werden. Wien, den 2. März 1835 – Ferdinand, m. p.«

Maria Henriette

Am 23. August 1836 kam Maria Henriette als jüngstes Kind der Familie zur Welt. Maria Dorothea ließ bei der Geburt den von ihr geschätzten Pfarrer Christóffy von Misérd rufen. Aus seiner Hand nahm sie am Tag nach der Geburt der kleinen Maria das Abendmahl. Maria Henriette – wie einst ihre Mutter wurde sie »Marie« gerufen – war ein kleiner Sonnenschein. Sie hatte, wie das bei Jüngsten im Geschwisterkreis oft der Fall ist, einen besonderen Schalk und war sehr temperamentvoll.

Tochter Maria Henriette

Joseph Székács, Pfarrer und Dekan

Pfarrer Székács

Im gleichen Jahr wurde Joseph Székács erster Pfarrer in der evangelischen Gemeinde in Pest. Er war wissenschaftlich und sprachlich interessiert, hatte neben Theologie Philosophie studiert und in Berlin zum Doktor der Philosophie promoviert. Székács war Mitglied der Akademie und später Superintendent, königlicher Rat und Abgeordneter im ungarischen Parlament. Er war ein ausgezeichneter Kanzelredner, dessen Predigten sich auch die Katholiken anhörten. Maria Dorothea schätzte ihn sehr und beriet sich oft mit ihm, bat um seine Ratschläge und befolgte sie. Székács war für die Gemeinde in Ofen wichtig. Er arbeitete später gut mit Bauhofer zusammen. Auch an ihrem Sterbebett stand er Maria Dorothea bei.

Alexander stirbt

Im Oktober 1837 wird der zwölfjährige Alexander sehr krank. Er braucht absolute Ruhe. Daher bittet Maria Dorothea am 27. Oktober »in aller Frühe«, den Grafen Széchenyi zu veranlassen, dass auf dem Árpád nicht geschossen wird. Am 28. schreibt Széchenyi in sein Tagebuch: »Erzherzog Alexander ziemlich bedenklich«. Und zwei Tage später: »Prinz Alexander krank. Andere sagen: ›Bei großen Herrn macht man immer mehr Aufhebens!‹« Am 4. November heißt es: »Alexander schlimm; die Eltern gut.« Am 6. November schreibt Széchenyi: »Erzherzog Alexander sehr übel. Stahl (Ignaz Stahl, 1787-1849, Universitätsprofessor, später Staatsrat) wird endlich auch gerufen. Sogar er verzweifelt. Ich allein glaube, er wird leben, car il a une destinée à remplir« (er hat eine Bestimmung zu erfüllen). Am 7.11.: »Erzherzog Alexander fängt an besser zu werden«. Am 9. November schreibt Széchenyi: »Erzherzog Alexander wieder schlechter...«
Als Alexander am 12. November seine Augen für immer schloss, rief Maria Dorothea, in ihr Schicksal ergeben: »Gelobt sei Jesus Christus. Gott, deine Wege sind wunderbar!«

Inschrift Alexanders Grabmal

Der Tod ihres Sohnes belastete sie lebenslang. Doch sie wusste ihn in einer besseren Welt. Später konnte sie bekennen: »Sein Schicksal brachte ihn an einen lieblichen Ort. Und wenn uns auch sein Weggang weh getan hat, wir sind doch nicht solche Egoisten, dass wir ihn wieder in diese irdischen Kämpfe zurückwünschen würden.«
Nach dem Tod Alexanders überließ Maria Dorothea seinen Körper nicht den Dienstboten, sondern wusch ihn selbst und legte ihm sein Totengewand an. Der Glaube hat Maria Dorothea in ihrem Schmerz große seelische Kraft verliehen. Jahre später schrieb sie an den Hofprediger Bauhofer: »Noch blutet das Mutterherz; aber alles und auch unsere Kinder sollen wir nur im Herrn besitzen: so werden wir sie in ihm wiederfinden.«

Große Überschwemmung

Die Donau trat in Pest immer wieder über die Ufer. Eine besonders katastrophale Überschwemmung gab es im Jahre 1838. Maria Dorothea ging zu den unglücklichen Obdachlosen, brachte ihnen große Mengen Kleider und ließ täglich 3500 Brote und ebensoviele Portionen Suppe verteilen. Oft besuchte sie auch das provisorisch errichtete Lazarett, sprach mit den Kranken und erkundigte sich nach dem Schicksal der Unglücklichen. Sie befragte die Ärzte, inspizierte die Apotheke, ging in die Küche und kostete selbst die Speisen. Auch die Englischen Fräulein und die Schülerinnen der Töchterschule, die zu den Geschädigten gehörten, wurden von Maria Dorothea mit dem Nötigsten versorgt.
Stets trat Maria Dorothea tatkräftig und besonnen für Menschen im Unglück ein. Auf dem Dampfer Széchenyi explodierte aus unbekannter Ursache ein Dampfkessel. Dabei erlitt ein Maschinist lebensgefährliche Verbrühungen. Maria Dorothea schickte sofort ihren Leibarzt und in Öl getränkte Tücher dorthin, um den Unglücklichen zu versorgen. Leider konnte dem Mann nicht mehr geholfen werden; er wurde durch den Tod von seinen Schmerzen erlöst.

Der schottische Missionar Keith

Dr. Alexander Keith (1791-1889) befasste sich als presbyterianischer Pfarrer an der freien Kirche von Schottland intensiv mit biblischen Prophezeiungen und deren Erfüllung. 1823 erschien sein »Entwurf eines Beweises der Prophetie« und kurz darauf sein Buch »Beweis der Wahrheit der christlichen Religion aus der wörtlichen Erfüllung der Prophetie, veranschaulicht besonders an der Geschichte der Juden und an den Entdeckungen heutiger Reisender.« Dieses Werk fand große Beachtung, erfuhr viele Auflagen und wurde in mehrere Sprachen, sogar ins Persische, übersetzt.
Kreise der damaligen schottischen Kirche waren bestrebt, Juden zum Christentum zu bekehren. Und im Jahre 1839 sandte die Kirche von Schottland eine Delegation von vier Pfarrern aus, unter ihnen Dr. Keith, um jüdische Gemeinden in Europa und in Palästina zu besuchen und so ihr Missionswerk voranzutreiben. Auf Kamelen ritten sie von Ägypten nach Palästina. Einer aus dieser Gruppe, Dr. Alexander Black, wurde krank. Alexander Keith begleitete ihn auf dem Heimweg donauaufwärts nach Mitteleuropa.
Einige Tage vor der Ankunft von Keith und Black in Budapest hatte Maria Dorothea schlaflose Nächte, voll von Vorahnungen eines besonderen Ereignisses. Zwei Wochen lang wachte sie immer mitten in der Nacht plötzlich auf, gepackt von unklaren, beängstigenden Gefühlen. Sie hatte Angst, ihre Mutter wäre gestorben und wartete auf eine Bestätigung ihrer Ahnungen. In der Zwischenzeit wurden Keith und Black auf ihrem Dampfer elend und schwach, sie bekamen das sogenannte Donaufieber. Als sie in Budapest angekommen waren, erlitt Keith auf der Straße eine Cholera-Attacke und fiel im Hotel ins Koma. Fast vier Wochen lang schwebte er zwischen Leben und Tod.
Maria Dorothea erfuhr von Keiths Schicksal, ging sofort zu ihm und pflegte ihn in seinem Hotel. Zu den anwesenden Leuten sagte sie: »Ich kenne diesen Mann. Ich habe sein Buch gelesen... Jetzt muss ich ihn auch persönlich sehen.«
Sie gab den Kranken in eine geeignete Privatwohnung zur Pflege, schickte ihren Leibarzt zu ihm und besuchte und tröstete ihn oft.

Nach mehreren Wochen trat endlich eine Besserung ein. In seiner Traueransprache bei Maria Dorotheas Begräbnis lobte Bauhofer Maria Dorotheas gute Tat: »Der Gelehrte und Familienvater von acht Kindern ward gerettet und lebt gegenwärtig; die Retterin haben wir begraben.«

Die Begegnung Maria Dorotheas mit Keith wurde der Anfang für die Tätigkeit schottischer Geistlicher in Ofen, die sich nicht nur für die Judenmission einsetzten, sondern auch die schottischen Ingenieure und Bauarbeiter betreuten, die beim Bau der Kettenbrücke, der ersten festen Verbindung zwischen Ofen und Pest, beschäftigt waren. Erbaut wurde diese von 1839 bis 1849 unter dem englischen Brückenbaumeister Adam Clark. Sie wurde nach dem zweiten Weltkrieg wiederhergestellt und ist heute noch eines der bekanntesten Wahrzeichen von Budapest.

Für die von Maria Dorothea gegründeten karitativen und pädagogischen Einrichtungen zeigten die Schotten besonderes Interesse, weil sie als evangelische Ausländerin Vorreiterin für den Protestantismus in Ungarn gewesen war.

Walzerkönig Lanner komponiert für Maria Dorothea

Sogar Joseph Lanner, der 1801 geborene »unsterbliche Vater des Wiener Walzers«, hat Maria Dorothea »verewigt«. Sein schwungvolles im Jahr 1840 als Opus 161 komponiertes Werk »Hofball-Tänze« widmete er »Ihrer Kaiserl. Hoheit der Frau Erzherzogin Maria Dorothea v. Österreich geb. Prinzessin von Württemberg«. Lanner hatte gute Beziehungen zu Ungarn und offensichtlich auch zu Maria Dorotheas Familie: In den Jahren 1834 und 1835 gastierte er dreimal mit seinem Orchester in Pest und hat dort »durch sein Schmeicheln und Tändeln alle Herzen unwiderstehlich für seine zauberischen Weisen gefesselt«. Seinen »Pesther Walzer« widmete er »der Edlen Ungarischen Nation in tiefster Ehrfurcht«. Im April 1838 veranstaltete Lanner in den k. k. Redoutesälen einen »maskierten Ball« als Benefizveranstaltung »für die Überschwemmten von Ofen und Pest«.

Hofprediger Bauhofer

Georg Bauhofer, Hofprediger

Maria Dorotheas große Tat für die Evangelischen in Budapest war neben der Gründung der Gemeinde in Ofen vor allem die Wahl Bauhofers als Hofprediger und als ersten Geistlichen dieser Gemeinde.

Johann Georg Bauhofer stammte aus Ödenburg (Sopron). In den Jahren 1827 und 1828 studierte er in Wien Theologie. Der evangelische Superintendent Janos Kiss berief Bauhofer zunächst als Hilfsprediger nach Ödenburg. 1829 wurde Bauhofer Pfarrer in Sommerein auf der »Großen Schütt«, jenem fruchtbaren Gebiet östlich von Preßburg zwischen der Großen und der Kleinen Donau in der heutigen Slowakei.

Von Preßburg aus fuhr Maria Dorothea gelegentlich mit einer Hofequipage nach Sommerein in die einfache Dorfkirche, um den bescheidenen, gebildeten Pfarrer dort zu hören. Sie war durch den aufrichtigen, von Herzen kommenden persönlichen Ton seiner Predigten gepackt. Auch im Pfarrhaus in Sommerein besuchte sie ihn, lernte dort seine Familie kennen und schloss seine Frau und Kinder ins Herz.

Einmal brachte sie ihre beiden Töchter Elisabeth und Maria mit. Im Pfarrhaus wurde ein einfaches Mittagessen gereicht. Beim Abschied küsste die Palatinissa die Pfarrfrau und die älteren Töchter. Ihre siebenjährige Tochter Maria beobachtete sie dabei. Sie hatte zuvor im Garten mit dem fünfjährigen Sohn Juri gespielt und Freundschaft mit ihm geschlossen. Jetzt wollte sie nach dem Vorbild ihrer Mutter auch ihm einen Kuss geben. Doch der Spielkamerad ahnte nichts

von seinem Glück und lief einfach weg. »Dummer Junge«, schrieb dessen Vater in sein Tagebuch.
Maria Dorothea nahm am Ergehen von Bauhofer und seiner Familie regen Anteil. Das zeigt auch ihr Brief vom 12. Oktober 1841
»An den Herrn Prediger Bauhofer Sommerein in der Schütt:
Mein teurer Bruder im HErrn!
Alle Ihre Prüfungen gehen mir so zu Herzen, dass mir oft bange werden würde für Sie, wenn ich nicht wüsste, dass Sie alles willig annehmen aus der Hand des all-liebenden Heilands, der aus Gnade Kreuz schickt denen, die ER liebt. Kreuz ist Segen, Leiden sind in Hoffnung – Seligkeit. O mein teurer Bauhofer, mit *Freuden* hörte ich durch den bis zur hohen Stufe des Christentums geförderten lieben Wimmer, dass Sie viel zu kämpfen haben! Aber der HErr ist Ihre Kraft und Ihr sehr großer Lohn.
Grüßen Sie den lieben auch vielfach geprüften Bruder Christóffy von mir in der Liebe des HErrn. Ich denke an Sie beide. Marie.
Empfangen Sie diese kleine Gabe aus der Hand des Herrn. 100 fl.«
Nach einiger Zeit beschloss Maria Dorothea, Bauhofer als Prediger an den Hof zu rufen. Am 17. Juli 1844 schrieb sie ihm aus Alcsút:
»Mein lieber Bruder im HErrn. Sie sind zum Prediger erwählt! Der HErr stärke Sie zu diesem Amt, in welchem Sie (wie Sie selbst sagten) vielleicht mehr Kreuz erwartet, als Sie jetzt in Sommerein haben. ER verleihe Ihnen Demut, nötigen Takt, mit Weltmenschen umzugehen, und besonders festen und kräftigen Mut, die heilige Sache des Erzhirten zu führen, und ihre anvertraute zerstreute Herde Ihm zu sammeln auf jenen Tag, wo ER Rechenschaft von Ihnen über sie fordern wird…
Die treuen schottischen Brüder beten jetzt schon mit freudiger Wehmut für viele Sommereiner…
Wegen Ihrem teuren Kind fragte ich meinen lieben Stahly; er hat leise Hoffnung, dass vielleicht dem teuren Kind zu helfen sei.
Schwerlich werden Sie vor September oder Oktober herkommen, benutzen Sie diese Zeit, Ihre Hände zu stärken und sie zu füllen, wie es im alten Bunde heißt, dass keiner leer vor Ihm erscheinen dürfe, und suchen Sie diesen jüngeren Donner, der so gut gesinnt sein soll in Beziehung auf das Wort Gottes, hierher zu bringen.«

Bauhofer hatte zunächst Bedenken, nach Ofen zu ziehen, weil er eine so große Kinderschar hatte. Maria Dorothea reagierte darauf, indem sie ihre eigenen Kinder, die diese gläubige Mutter im biblischen Sinne als eine echte Gnade Gottes ansah, als »die Gottlosen von Ofen« bezeichnete, falls sie ohne Bauhofer erzogen werden müssten.

Bei einem Besuch hatte Bauhofer ein altes, abgewetztes Mäntelchen getragen. Als Maria Dorothea ihn bat, Hofprediger in Ofen zu werden, begründete sie dies so: »Ich gestehe, der einzige Grund, warum ich Sie ausgewählt habe, ist, dass Sie auch so einfach sind. Damit will ich aber gerade nicht sagen, dass man in Ofen nicht einen besseren Mantel trägt, sondern dass ich überhaupt keine Übertreibungen liebe.«

Beim Abschied steckte sie ihm diskret hundert Forint als Geschenk für einen neuen Mantel zu. Bei seinem nächsten Besuch zeigte sich Bauhofer in seinem neuen Kleidungsstück. Und der Pfarrfrau ließ sie im Voraus ausrichten: »Auch in Ofen werden Sie die einfache und bescheidene Frau Bauhofer bleiben, als die ich Sie bisher kenne. Sie sollen nicht die dummen Modeaffen nachahmen.«

Oberschützen

Wichtige evangelische Einrichtungen entstanden in dem Dorf Oberschützen. Dort war Gottlieb August Wimmer (1791-1863) evangelischer Pfarrer. Er stammte aus einer einfachen Familie. Mit sechs und neun Jahren verlor er Vater und Mutter. Seine Mutter äußerte auf dem Sterbebett den Wunsch, er möge Pfarrer werden. Eine Bäckersfrau nahm sich seiner an, und er konnte in Ödenburg Theologie studieren. Im Jahr 1818 kam er, zunächst als Vikar, nach Oberschützen. Dann wurde er dort Pfarrer. Für eine Zeitlang ging er als Seelsorger nach Modern, wo er eine herzliche Beziehung zu Georg Bauhofer in Sommerein fand und auch Maria Dorothea nahe kam, die oft im nicht weit entfernten Preßburg weilte, wo er stets im erzherzoglichen Palast anklopfen durfte und Einlass fand. Wimmer stand in seiner Frömmigkeit und geistigen Denkungsart Maria Dorothea nahe. Es entwickelte sich ein reger Briefverkehr zwischen den beiden. Maria Dorothea nahm auch Anteil am persönlichen Wohlergehen seiner Familie, was Wimmers angeschlagenes Selbstbewusstsein gestärkt und ihn wieder aufgerichtet hat. In ihren Briefen bezeichnet Maria Dorothea ihn als lieben und teuren Bruder.

Zwei Jahre später kehrte Wimmer nach Oberschützen zurück. Über seine Aufgabe dort lesen wir[1]: »Es war eine große Gemeinde, die Wimmer übernahm, der man allzu deutlich anmerkte, daß ihr Pfarrer fünf Jahre lang krank gewesen war. Um nur ein Beipiel für die Verwahrlosung der Gemeinde zu nennen: für mehr als dreihundert Schulkinder war ein einziger Lehrer da, der überdies bei weitem seiner Aufgabe nicht nachkam. Wimmer hat uns ziemlich am Anfang seiner Tätigkeit in Oberschützen die Sachlage geschildert und schließt seinen Bericht mit den Worten: ›Mich jammerte des Volkes, das ich liebte und mit der schwärmerischen Wärme auf meinem Herzen trug‹.« Er plante daher den Bau einer Lehrerbildungsanstalt. Dabei suchte er überall Unterstützung und fand sie nicht nur beim Preußenkönig Friedrich Wilhelm IV., sondern auch bei Maria Dorothea. Im Jahre 1842 spendete sie über 2000 Forint zur Gründung von Gymnasium und Lehrerbildungsanstalt. Leider wurde das Archiv der Schule 1945 durch russische Soldaten vernichtet. Daher ist nicht mehr zu erfahren, wie stark Maria Dorothea diese Institute weiterhin unterstützte.

Im Herbst 1846 war Wimmer mit einem deutschen Theologen zusammen in Ungarn unterwegs. In Ofen traf er wieder Maria Dorothea. In seinem Bericht über diese Reise schreibt Wimmer: »In Ofen und Pest fand ich Ihre Kaiserl. Hoheit die Frau Erzherzogin in ihrer alten Treue gegen den HERRN, voll Glauben und Verlangen, das Reich des HERRN kommen zu sehen und selbst mitzuwirken. Sie liest ihrem kranken Gemahl die Bibel fleißig vor, und der Herr Erzherzog hat das heilige Buch von jeher geliebt und liebt es noch.«

1848 musste Wimmer Ungarn verlassen. Er hatte sich zu sehr auf die Seite des ungarischen Freiheitskampfes gestellt. Zunächst ging er nach Amerika und später nach Bremen, wo er noch zwölf Jahre als

1 Georg Traar. Eine Wolke von Zeugen. 2. Vermehrte Aufl. 1967, S. 165

Prediger wirkte. Die Anstalten, die Wimmer bis dahin persönlich »gehört« hatten, wurden der evangelischen Gemeinde in Oberschützen übertragen. Die Leitung übernahm nun Pfarrer Karl Ferdinand Kühne, Wimmers Schwiegersohn, der seit 1845 Direktor der Oberschützener Anstalten war.

Diese Einrichtungen haben sich mit den politischen Wandlungen geändert. Nach dem 1. Weltkrieg, im Jahre 1921, kam Oberschützen mit dem Burgenland zu Österreich. Das Gymnasium in Oberschützen war sodann das einzige evangelische Gymnasium Österreichs.

Im Evangelischen Schulwerk Oberschützen gibt es heute ein Evangelisches Oberstufenrealgymnasium, in dem man von der Hauptschule bis zum Abitur gelangen kann, sowie ein Realgymnasium und das »Musikgymnasium« mit dem Programm »Mit Musik zur Matura«. Auch kann dort heute evangelische Kirchenmusik studiert werden.

Grillparzer stellte im Jahr 1852 fest, als Oberschützen noch ein kleines Bauerndorf war, dieser Ort solle zu einem »merkwürdigen Punkt auf der heimischen Erde« werden. Sein Wunsch hat sich erfüllt.

Dass zwischen Maria Dorothea und Oberschützen bis zuletzt gute Beziehungen bestanden, beweist der Nachruf des Oberschützener Gymnasiallehrers Karl Scheffer an Pfarrer Bauhofer vom 16. April 1855, der im kirchlichen Archiv in Budapest liegt. Darin heißt es: »... dass mich die höchsttraurige Nachricht von dem zu baldigen Ableben der Frau Erzherzogin so tief betrübt habe, dass ich im Augenblicke nicht im Stande war, mein Gemüt zu fassen. Wie ein Blitz rührte mich diese Nachricht, da ich die ganze Tragweite dieses überaus großen Verlustes vom rechten Gesichtspunkte aufgefasst zu haben glaube. Die ganze evangelische Kirche in Ungarn hat in der Person der selig Entschlafenen eine ungeheuer mächtige Stütze in verschiedener Beziehung verloren. Man kann mit Recht behaupten, dass die Frau Erzherzogin unsere Kirche bei Hofe gut vertreten habe, da doch der Hof stets einige Rücksichten genommen hat. Diese Rücksichten dürften möglicherweise nun, da die Schranken gefallen sind, auch aufhören. Die arme Klasse wird die hohe Verblichene mit einer Flut von Tränen beweinen, da sie eine große Wohltäterin der Witwen und Waisen war. Viele evangelische Gemeinden, wie die

Oberschützener und insbesondern die Ofener u. a. haben alle Ursache, Totenklage anzustimmen. Hier bei uns wurde dieselbe am Ostermontag vom Pfarrer Kühne feierlich abgehalten. Pikant war die Bemerkung von Kühne: Obwohl die Fr. Erzh. eine sehr eifrige Protestantin und sehr fromm und religiös war, ging sie doch schon seit mehren Jahren in keine Kirche, da in denselben nicht das wahre Christentum gepredigt wird. Die Wiener H. Pfarrer würden sich sehr geschmeichelt fühlen, wenn sie es erführen!«

Beim Religionsunterricht

Im Religionsunterricht merkte die kleine Marie nur zu gut, dass ihre Mutter den Propst nicht besonders mochte. Nun kam die kleine Schmeichlerin zu ihrer Mutter und bat sie: »Lass mich doch von deinem Pfarrer unterrichten!« Bald darauf kam es in der Religionsstunde beim Propst zur Katastrophe. Die Mutter saß im Zimmer dem Unterrichtenden gegenüber und hörte aufmerksam zu. Der Propst wollte der kleinen Marie die katholische Lehre vom Fegefeuer beibringen.

Marie fragte ihren Religionslehrer: »Wozu braucht man denn ein Fegefeuer? Es gibt doch schon die Hölle?«

Der Lehrer stellte die Gegenfrage: »Wohin sollen denn die kommen, die nicht ganz gut, aber auch nicht ganz schlecht sind?«

»In die Hölle«, antwortete das Mädchen, ohne zu zögern.

»Haben Sie auch kleine Fehler, die gleich von Ihrer Mutter bestraft werden?«, lautete die nächste Gegenfrage des Religionslehrers.

»Ja, allerdings bestraft meine Mutter auch«, antwortete die kleine Erzherzogin, die darin wohl schon Erfahrung hatte.

Nun mischte sich die überraschte Mutter in den Disput ein und bestätigte ihre Tochter: »Es ist schon so. Gott macht keinen Unterschied zwischen kleinen und großen Sünden, denn für ihn ist jede Sünde abscheulich.«

Der Propst war bestürzt. Das war ihm wohl noch nie passiert, dass man ihm in Lehrfragen widersprach. Maria Dorothea blieb aber bei ihrer Meinung. Es entstand eine peinliche Pause. Dann überwand

der Propst seinen Ärger, entwickelte kurz und zusammenfassend die Lehre vom Fegefeuer und postulierte:»Und dabei bleibt's!« (Diesen Satz übermittelt der sonst in Ungarisch gehaltene Bericht über den Vorfall auf Deutsch und damit deutlich!) Mit dieser kategorischen Feststellung zeigte der Propst, dass in Glaubensfragen selbst die Palatinissa seine Autorität anerkennen müsse.
Die kleine Erzherzogin war vom Zorn des Propsts so erschreckt, dass sie nachher schluchzend zu ihrer Mutter kam. Maria Dorothea wollte es aber nicht zu einem Hauskrieg kommen lassen und hat sich nachdem nicht mehr in die Angelegenheiten der Priester eingemischt.

Wohlgerüche aus dem Orient

Maria Dorothea schätzte und würdigte auch den Glauben der Mohammedaner. Im Jahre 1843 pilgerte ein arabischer Derwisch nach Ofen zum Grab des Gül Baba. Dieser türkische Derwisch war 1541 bei der Einnahme Ofens durch die Türken gestorben, und sein als heilig verehrtes Grab wird heute noch von weither pilgernden Moslems aufgesucht. Die sich für alles Ehrwürdige und Gute interessierende Maria Dorothea erfuhr dies, rief den frommen Araber zu sich und fragte ihn nach dem Ziel seines Kommens. Beim Abschied beschenkte sie ihn. Die klugen Worte der Palatinissa, ihr ganzes Wesen und ihre besonders hochherzige Güte hatten eine so große Wirkung auf das Gemüt des Orientalen, dass er in Tränen ausbrach und nicht vergessen konnte, was ihm widerfahren war. Aus seiner fernen Heimat schickte er der Erzherzogin später mehrere Fläschchen des weltberühmten Rosenöls, um seinen Dank zu erweisen. Hier huldigte ein Bewohner des Orients mit einem fein duftenden Opfer der Palatinissa. Ob wohl je die gute Kunde einer christlichen Herzogin so weit reichte?

Die Hebräische Bibel

Im Jahre 1843 wollte Maria Dorothea im Interesse der theologischen Wissenschaft in Wien eine hebräische Bibel drucken lassen. Weil ihr bekannt war, dass dort praktisch eine Zensur herrschte, fragte sie ihren Sohn Stephan, ob er glaube, man würde das in Wien verhindern wollen. Da erklärte Stephan ganz eindeutig, daß eine hebräische Bibel zu den verbotenen Büchern zähle. Es sei daher nicht zu empfehlen, dass sie einem solchen Unternehmen ihren Namen gebe. Nun überlegte sich Maria Dorothea, diese Bibel lieber in Güns oder in Ödenburg drucken zu lassen. Als die hebräische Bibel nicht gedruckt werden konnte und auch anderen protestantischen Publikationen von der Zensur und von der Obrigkeit viele Hindernisse in den Weg gelegt wurden, selbst ihr Sohn Stephan schon empfahl, dass sie aus gewisser Rücksichtnahme an religiösen Zusammenkünften nicht mehr teilnehmen solle, verlor sie endlich die Geduld und stellte fest: »Wenn das so weiter geht, werde ich vor keiner Schande zurückschrecken für die Sache von Christus; meinen protestantischen Glauben bestreite ich nicht, zusammen mit ihnen (den Glaubensgeschwistern) will ich leben, leiden und sterben.«

Der ungetreue Kirchendiener

Mit ihrem ersten Prediger in Ofen, Rektor Taubner, hatte Maria Dorothea kein Glück. Er war ein ungetreuer Haushalter, unterschlug Gelder und führte einen liederlichen Lebenswandel. Am 2. April 1843 schrieb sie ihm wegen einer offensichtlichen Unterschlagung: »Herr Direktor Taubner! Da die Frau Bernhardt Liedeman zwar kam, doch ohne die verlangte Obligation über die an Sie, Herr Taubner, im Januar des Jahres 1842 verfolgten 2000 fl. C. M., das ist zweitausend Gulden Konventionsmünze, wie sich aus meinem Rechenbuche erweist, so fühle ich mich gezwungen, Sie zu bitten, mir heute noch diese Obligation zu verfassen, und so mein Schuldner zu bleiben, so lange, bis Sie werden zahlen können; in diesem Falle, aber auch nur in diesem, will ich das Gewebe von Unwahrheiten, um nicht zu sagen Listen – doch die Lüge ist ja das schrecklichste! – mit dem Deckmantel der christlichen Liebe bedecken. Sollten Sie nicht gesonnen sein, mir die Obligation zuzustellen, so zwingen Sie mich, dies dem Herrn Superintendenten zu melden! Ich machte ›keine Konfusion‹; ich gab Ihnen dieses Geld nicht zur Reise nach Italien; das weiß niemand besser als Sie! Sie wissen gut, dass, was ich habe, nicht mein ist, sondern Dem gehört, der strenge Rechenschaft davon fordert. Oh, wäre es möglich, dass Sie jetzt in dieser Stunde bedächten, ›was zu Ihrem Frieden dient‹! Werfen Sie sich vor ihm nieder, vor dessen Gericht wir nicht bestehen könnten, wäre ER nicht mit ausgebreiteten Armen am Kreuz für uns gestorben! Der Herr sei mit Ihnen. Maria«

Der »nonverbale« Palatin

Maria Dorothea hatte Sinn für Humor und verstand Spaß, selbst wenn er sich auf sie selbst oder auf ihren Mann bezog. So hat auch Pfarrer Székacs sie mit seinem pfiffigen ungarischen Verstand oft zum Lachen gebracht. Dafür ein charakteristisches Beispiel: Im Herbst 1844 kamen August Karge und der Kirchenaufseher von einer Audienz beim Palatin in einer kirchlichen Angelegenheit. Neugierig wartete die Palatinissa auf sie. Ihre erste Frage lautete:
»Nun, wie empfing Sie der Erzherzog?«
»Oh, heute war es für uns ein schöner, heiterer Tag«, antwortete Karge mit vor Freude strahlendem Gesicht.
»Und woran hat man dies gemerkt?«, fragte lächelnd die Palatinissa.
»Wenn der durchlauchte Herr immer mit seinen Beinen hin und her trippelt«, sagte Karge und ahmte dies gleichzeitig mit seinen Füßen nach, »dann hat er eine gute Laune, wenn er aber seine Füße zusammenknallt, dann ist er zornig.« Die Palatinissa brach in ein herzliches Lachen aus. Dann gab ihr der Ratsherr seinen vertraulichen Bericht.
»Das hat er nur noch dies eine Mal gezeigt«, sagte die Fürstin danach, »wegen seiner Füße werde ich schon eine passende Bemerkung machen.«

Bauhofer wird Hofprediger in Ofen

Am 17. September 1844 schrieb Maria Dorothea an Bauhofer: »Teurer und verehrtester Bruder im Herrn! Ihr Brief zeigte mir so recht lebendig das Glück, ein Christ zu sein und die Freude im Herrn, die darinnen liegt, mit Christen umzugehen. Ja, kommen Sie mit allen Schätzen, die der treue Hirte Ihnen auf Ihrem schweren Lebenspfade reicht, und zeigen Sie, daß Sie zu den Bischöfen gehören, die ein köstlich Werk begehren und deren Haus als Beispiel der Gemeinde vorleuchtet.«

Nun erwähnt Maria Dorothea in ihrem Brief Bauhofers kleine taubstumme Tochter: »Meine kleine Maria muß noch, so der Herr will und mir Leben dazu schenkt, nach Württemberg. Ich warte nur, bis sie älter wird, und auf eine fromme Gelegenheit, um das teure Kind sicher zu schicken.«

Dann bittet Maria Dorothea Bauhofer, seine ältere Tochter Wilhelmine – sie wird später den Pfarrer Stephan Székács heiraten – oft zu ihren Töchtern zu schicken, damit diese gut Ungarisch sprechen lernen.

Den Brief beschließt Maria Dorothea: »O Bauhofer! Möchte der Stab Aarons grünen in Ihren Händen! Möge der Erzhirte um dieser teuren Gemeinde willen Sie einst mit dem Zurufe: ›Ei, du getreuer Knecht!‹ empfangen! Mögen Sie, als treuer Hirte, in Seinem heiligen Namen die zerstreute Herde sammeln (von den leiblich Gefangenen gab mir der liebe Kommandierende die Liste) und zum Schluß: Mögen Sie selbst, verehrter Seelsorger, unsträflich vor Ihm stehen mit dem Kreuz auf Ihrem Rücken, welches Sie ihm nachtragen. Der Herr segne Ihren Eingang!
Maria«

Seine erste Predigt auf dem Burgberg in Ofen hielt Bauhofer über das Wort des Apostels Paulus aus 2. Korinther 2: »Und ich, liebe Brüder, da ich zu euch kam, kam ich nicht mit hohen Worten oder mit hoher Weisheit, euch zu verkündigen die göttliche Predigt. Denn ich hielt mich nicht dafür, dass ich etwas wüsste unter euch als allein Jesus Christus, den Gekreuzigten. Und ich war bei euch in Schwachheit und Furcht und mit großem Zittern; und mein Wort und meine

Predigt war nicht in vernünftigen Reden menschlicher Weisheit, sondern in Beweisung des Geistes und der Kraft, auf dass euer Glaube bestehe nicht auf Menschenweisheit, sondern auf Gottes Kraft.«
Wenn der Palatin sah, dass Bauhofer bei seiner Frau zu Besuch war, kam er dazu, begrüßte ihn freundlich und erkundigte sich teilnahmsvoll nach seiner Familie.
Als Bauhofer zum ersten Mal beim Palatin war, beklagte er sich über die schlechte rechtliche Lage der Evangelischen in Ungarn. Es habe sich zwar einiges gebessert, vieles lasse aber noch zu wünschen übrig.
Der Palatin interessierte sich für viele Einzeldinge, auch bei den Evangelischen. So fragte er Maria Dorothea einmal, warum beim Vaterunser, im Gegensatz zur katholischen Kirche, noch der Lobpreis eingebunden sei (»denn dein ist das Reich und die Kraft und die Herrlichkeit in Ewigkeit«). Diese Frage des Palatins musste Bauhofer beantworten.
Als einmal Maria Dorothea über schreckliche Dinge beim galizischen Bauernaufstand berichtete, bei dem die Bauern einige Gutsherren umgebracht hatten, rief Joseph spontan aus: »Ich sehe, man muss dem Volk die Bibel in die Hand geben; das könnt ihr mir anvertrauen.« Als Maria Dorothea dies Bauhofer erzählte, sagte er: »Königliche Hoheit, dies ist für mich ein Fest- und Freudentag!« – »Auch für mich«, antwortete Maria Dorothea bescheiden.
Die Palatinissa besaß einen großen Fundus an kostbaren alten Handschriften, auch über die Geschichte der evangelischen Kirche in Ungarn, den sie später zusammen mit ihrer Bibliothek der evangelischen kirchlichen Hochschule geschenkt hat. Sie bat zuerst den bekannten Genfer Gelehrten Merle d'Aubigné, eine Geschichte der evangelischen Kirche in Ungarn zu schreiben. Als dieser ablehnte, beauftragte sie Bauhofer, der die erbauliche Zeitschrift »Der Evangelische Christ« redigierte, mit dieser Aufgabe. Damit wurde er nun Leiter des evangelischen Archivs von Ungarn.
Tapfer übernahm Bauhofer den Auftrag und schrieb ein ausführliches Geschichtsbuch über die evangelische Kirche in Ungarn. Wegen der aus Wien zu erwartenden Schwierigkeiten ließ er das Werk anonym drucken. D'Aubigné verfasste dazu eine sehr engagierte Vor-

rede, in der er auf die Probleme der Protestanten in Ungarn hinweist. Unter anderem steht darin: »Hier handelt es sich nicht nur um ein Buch; es handelt sich um eine Tat. Ein Zweig der großen evangelischen Familie ist von den andern vergessen worden; diese lange Vernachlässigung muss wieder gut gemacht werden. Der Leser soll nicht, nachdem er dieses Buch gelesen, wie es gewöhnlich geschieht, sich damit begnügen, es seiner Bibliothek einzuverleiben; diese Blätter sind ein ernster Aufruf an alle evangelischen Christen. Was Gott von denen, die es lesen werden, fordert, ist, dass sie beten, glauben, hoffen und dass sie für das protestantische Ungarn in Glauben und Liebe handeln.«
Das Manuskript zu diesem Buch wurde unter den Kleiderfalten der schottischen Missionarsfrauen, die im Jahre 1852 von der kaiserlichen Polizei aus Ungarn ausgewiesen wurden, über die Grenze geschmuggelt. Maria Dorothea ließ es zur englischen Botschaft in Wien bringen, und von dort kam das Werk nach England. Es wurde ins Englische übersetzt und in England und in den Vereinigten Staaten veröffentlicht. Auf Maria Dorotheas Kosten erschien das Buch 1854 anonym in deutscher Sprache in Berlin.

Eine Fahne für Jassen und Kumanen

Im Jahr 1845 feierten die Jassen und die Kumanen das hundertjährige Jubiläum in Jászberény. Jászberény ist die ehemalige Hauptstadt des alten Jassen oder Jazygendistrikts im Donau-Theiß-Tiefland an der Zagyva. Die Jazygen sind ein alter Volksstamm, der schon aus der Zeit der Völkerwanderung bekannt ist. Im Mittelalter mischte er sich mit dem Stamm der Kumanen, einem dort angesiedelten Turkvolk. 1702 hatte Leopold I. das Territorium dieser Volksstämme an den Deutschen Ritterorden verkauft. Unter Maria Theresia kauften die Jazygen und Kumanen im Jahr 1745 ihr Gebiet wieder zurück. Und nun feierten sie diesen Jahrestag. Festlicher Höhepunkt war eine feierliche Fahnenweihe, an der auch der Palatin mit seinem Sohn Joseph teilnahm. Der reformierte Geistliche Paul Török hielt die Festansprache, und Maria Dorothea hatte eigenhändig ein wunderschönes, wertvolles Band gestickt, das nun Bauhofer an die Fahne heftete. Maria Dorotheas Stickkunst hatte sich wieder bewährt.

Ein Bauplatz für die Kirche

Da das Gemeindeleben für die evangelische Minderheit in Ungarn mit manchen Schwierigkeiten verbunden war, hat auch der Bau einer eigenen Kirche eine ziemlich dramatische Vorgeschichte.
1846 erschien eine große Kommission auf der Burg, anführt von den Ofener evangelischen Würdenträgern Procopius, Eberczky, Kiss, Karge und Engel. Sie meinten, auch gegen den Willen des Palatinpaares ihr Vorhaben durchsetzen zu können und forderten in selbstbewusstem Ton den Bau einer Kirche auf dem Burgberg. Das ließ sich Maria Dorothea, die noch nicht von der Notwendigkeit eines Kirchbaus überzeugt war, nicht gefallen und setzte zu einer zornigen, wenn auch feierlichen Gegenrede an, die sie mit den Worten begann: »Wir Mitglieder unserer fürstlichen Familie haben uns seit unserer Jugend daran gewöhnt, wie wenig die meisten Menschen auf Wort und Versprechen geben, daher schreiben wir Worten einen geringen Wert bei.«
Dann holte Maria Dorothea die einzelnen Mitglieder der Kommission zu sich und wusch ihnen ordentlich den Kopf. Dabei warf sie z. B. dem Zensor Engel vor, er gebe sich auf der einen Seite als selbstbewusster Protestant, auf der andern Seite aber streiche er als Zensor das Wort Gottes aus den Zeitungen. Nachher gestand sie Bauhofer, sie habe vor dieser schweren Stunde zu Gott gebetet, er möge ihr die rechten Worte schenken. Und doch habe sie einen Fehler begangen, sie sei zu scharf geworden.
Später, als sie selbst wünschte, dass auf dem Burgberg eine evangelische Kirche gebaut werde, konnte sie ihren Zorn wieder gutmachen. Die aktive evangelische Gemeinde dachte dabei an ein großes Areal auf dem Gebiet der Burg. Man war ja daran gewöhnt, dass Gottesdienste auf dem Berg abgehalten wurden, wo jetzt auch die Geistlichen wohnten. Sogar biblische Argumente mussten für einen Bau-

Erste Kirche mit Schule auf dem Burgberg, 1847 erbaut

platz auf der Burg herhalten: Die Arche Noahs blieb auf dem Berg Ararat stehen, Mose erhielt die Gesetzestafeln auf dem Berg Sinai, Salomo baute den Tempel auf dem Berg Zion. Jesus hielt auf einem Berg die Bergpredigt, und schließlich wurde er zum Opferlamm auf dem Berg Golgatha. Die Palatinissa hörte gern auf biblische Argumente; aber die Entscheidung fiel nicht nur auf dieser Grundlage. Die Nähe der Behörden und die Burg als geographisches Zentrum von Ofen brachten einen klaren Platzvorteil für das Burggelände. Man dachte auch, dass wegen der staatlichen Macht auf der Burg der Einfluss des Klerus dort nicht so stark sei, so dass man hier leichter bauen könne.

Einen Bauplatz zu bekommen war schwierig. Die Katholiken trauten sich nicht, Bauplätze an Evangelische zu verkaufen, schon gar nicht, wenn dort eine Kirche gebaut werden sollte.

Auch der Palatin Joseph musste zusehen, dass er sich nicht »zu weit aus dem Fenster hinauslehnte«, also den Evangelischen nicht zu viele Zugeständnisse machte. Er war ja »nur« Statthalter des österreichischen Kaisers und ungarischen Königs. So griff er bei dieser Gelegenheit zu einer List, mit der er seiner Frau nicht zu weh tat und die Priester nicht reizte. Als die evangelisch-lutherische Gemeinde in Ofen schon einen Bauplatz für den Kirchbau ausgesucht hatte, soll

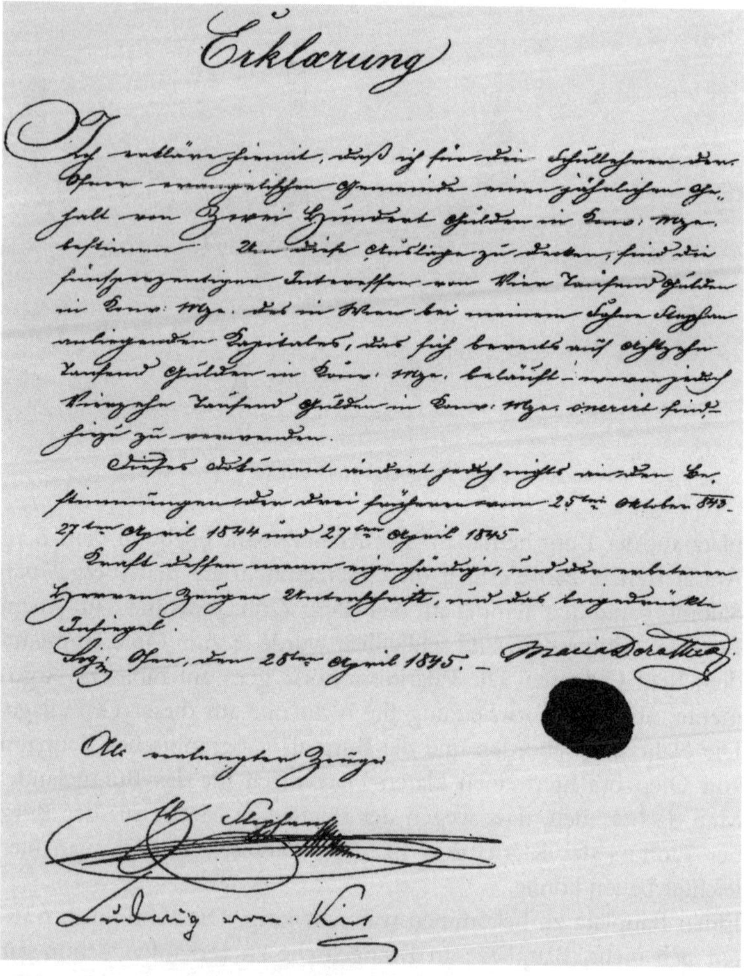

Erklærung

Ich erkläre hiemit, daß ich für die Schullehrer der Ofner evangelischen Gemeinde einen jährlichen Gehalt von Zwei Hundert Gulden in Conv. Mze. bestimme. Um diese Auslagen zu decken, sind die fünfprozentigen Interessen von Vier Tausend Gulden in Conv. Mze. des in Wien bei meinem Sohn Stephan anliegenden Capitals, das sich bereits auf achtzehn Tausend Gulden in Conv. Mze. beläuft – wovon jedoch Vierzehn Tausend Gulden in Conv. Mze. onerirt sind, hiezu zu verwenden.

Dieses Dokument ändert jedoch nichts an den Bestimmungen der drei früheren vom 25ten Oktober 843, 27ten April 1844 und 27ten April 1845.

Urkund dessen meine eigenhändige, und der erbetenen Herren Zeugen Unterschrift, und das beigedrückte Insiegel.

Sig. Ofen, den 28ten April 1845. – Maria Dorothea

Als erbetene Zeugen

Stephan [illegible]

Ludwig von Kiss

Urkunde Maria Dorotheas zur Unterstützung der Schule in Ofen

Joseph heimlich diesen Platz für sich selbst gekauft haben, um ihn dann der Kirche zur Verfügung zu stellen.
Székács erwies sich bei den Bauvorbereitungen als meisterlicher Diplomat. Mit dem Beistand von Maria Dorothea erreichte er, dass die erste lutherische Kirche in Ofen in der Burg auf dem Disz-Platz hinter der Hauptwache gebaut werden konnte. Auf diesem Gelände standen früher ein Wachtturm und ein Ruinengebäude.
Nach diesem Erfolg sagte der Palatin lächelnd zu seiner Frau: »Der Székács hat mehr Verstand in seinem kleinen Finger als alle andern in ihren Schädeln.« Später wurde Székács ungarischer evangelischer Bischof.
Maria Dorotheas Einsatz für ihre evangelischen Mitchristen und für die evangelische Kirche in Ungarn, aber auch ihre Sorge und Fürsorge für alle Mitbürger, für ihr Volk, fasste der Bischof und Kirchengeschichtsschreiber Alexander Kovács, in Anspielung auf ihren Namen, so zusammen: »Maria Dorothea hat sowohl den am Himmel hängenden Idealismus der Maria als auch den praktischen Fleiß Marthas verkörpert.«

Schmuck für alte Handschriften

In ihren Ansprüchen war Maria Dorothea äußerst einfach und bescheiden. Sie verzichtete auf Bequemlichkeit und nahm Entbehrungen auf sich, vor allem in Krisenzeiten, um dadurch noch mehr Gutes tun zu können. Mit Recht konnte sie sagen: »Für mich selbst wende ich so wenig auf wie die Gräfinnen ausgeben, um sich schön zu kleiden.« Sie hatte auch ein Rechnungsbuch, doch die Ausgaben überstiegen die Einnahmen, weil sie zu wenig Einkünfte hatte. Als sie einmal weniger geben konnte als sie wollte, rief sie schmerzlich aus: »Ach, wenn ich doch die Gräfin Karolyi wäre!«
Auch im Frühjahr 1846 war ihre Kasse schon erschöpft. Da erfuhr sie, dass jemand kostbare Handschriften verkaufte. Diese gute Gelegenheit durfte sie nicht versäumen, deshalb war sie zu größeren Opfern bereit. Kurz entschlossen sagte sie zu ihrer Vertrauten: »Da muss jetzt mein Schmuck heraus!« Sie gab ihrer Kammerfrau Amalia

Pollacsek ein wertvolles Schmuckstück, die dafür die notwendigen 200 Forint vorstreckte.

Diese Tat hielt Bauhofer überhaupt nicht für gut, und er sagte mit dem nötigen Respekt: »Ein so großes Opfer hat bisher noch nicht einmal die Kirche oder die Literaturwissenschaft erhalten können. Das sind Sie niemand schuldig!«

»Lassen Sie nur, Bauhofer«, antwortete Maria Dorothea, »Christus hat auch sein teures heiliges Blut für uns zum Opfer gegeben, dagegen sind doch Silber und Gold überhaupt nichts! Ich sehe keinen andern Weg. Ich kann es nicht vom Teil für die Armen abziehen. Ich bedaure nur, dass man so wenig dafür gibt. Wir glauben nur, dass wir von der Pollacsek hätten mehr bekommen sollen.«

Bei ihrer Mutter, der Herzogin Henriette, klagte man darüber, dass sie so viel ausgebe. Doch in dieser Sache entschuldigte sie sich selbst: Ungarn sei nicht Württemberg, und hier gebe es noch so viele Dinge auf weltlichem und kirchlichem Gebiet zu tun. Ihre Mutter, deren getreues Abbild die Tochter war, beruhigte sie und konnte ihr mit Recht schreiben: »Unser Verhältnis zueinander hat auch die Entfernung nicht geändert, weil wir in allen Briefen stets über uns schreiben. Zu allen Zeiten lebt Deine Seele, und sie ist immer dieselbe: Glaube und Liebe.«

Es gab auch keinen Grund, ihre Wohltätigkeit vor ihrem Mann zu verheimlichen. Der gütige Palatin verstand seine Frau. Maria Dorothea beklagte sich bei ihm, dass man sie wegen ihrer Freigebigkeit bei ihrer Mutter verleumdet habe, und fragte: »Ist es denn Sünde, denen beizustehen, die Brüder in Christus sind?«

»Wenn du denen Gutes tust«, antwortete der Palatin, »die du als Brüder kennst, dann hast du gut gehandelt.«

Die Palatinissa erzählte dies Bauhofer und machte dabei die Bemerkung, dass der Erzherzog wohl den Sinn von Ausdrücken wie »unsere Brüder im Herrn« kenne, sie lese ja seit zehn Jahren mit ihm die Bibel. »Dies war für mich eine bedeutende Nachricht«, schrieb Bauhofer in sein Tagebuch. »Das erklärt viele Dinge. Darum konnte der Palatin über den Parteien stehen.«

Patin in der Familie Bauhofer

Im Jahre 1846 hat sich Maria Dorothea der Familie Bauhofer besonders erkenntlich gezeigt. Dort kam am 19. Juli das neunte Kind zur Welt, ein Mädchen. Maria Dorothea übernahm das Patenamt und hielt die Kleine sogar selbst über das Taufbecken. Székács war der Taufgeistliche. Das Mädchen erhielt den Taufnamen seiner Patin: Maria Dorothea. Und jene vergaß ihre kleine Patentochter nicht. So schrieb sie 1847, als sie schon nach Wien »verbannt« war, in einem Brief an Bauhofer: »Küssen Sie das kleine Dortchen von mir.« Das Kind wurde aber nur zwei Jahre alt.
Als Bauhofer einmal bei einem vertrauten Gespräch über Krankheiten sprach, die er gehabt hatte und wegen denen er sich auch davor gefürchtet hatte, die Stellung in Ofen anzunehmen, tröstete ihn Maria Dorothea mit ihrem eigenen Geschick: »O, mein lieber Freund, ich liebe es, dass wir viel Kreuz tragen müssen. Es ist nur gut zu wissen, dass Gottes Hand auf uns liegt, doch der Gottlosen Fuß strauchelt.« Und beim Abschied sagte sie noch: »Sehen wir zu, dass niemand uns die Krone nehme.«

Széchenyi in der Betstunde

Am 1. Mai 1846 waren abends bei der Gräfin Forray die Geistlichen Székács, Török und Bauhofer und andere versammelt. Es wurde eine der üblichen Bibelstunden abgehalten. Plötzlich wurde unerwartet der Besuch des katholischen Grafen Stephan Széchenyi gemeldet. Die Gräfin zögerte, was sie machen sollte. Doch Maria Dorothea rettete schnell aus dieser Verlegenheit: »Er soll nur hereinkommen«, sagte sie, »ihm wird's auch nicht schaden.« Man gab dem zur »ketzerischen« Versammlung verirrten höchsten Ungarn ein Neues Testament in die Hand; während der ganzen Stunde hörte er mit gebührender Aufmerksamkeit die Schriftauslegungen der Geistlichen an, und schließlich betete er mit ihnen zusammen auf den Knien.

Josephs Krankheit und Tod

Joseph, der viel Ältere, kränkelte oft. Doch Maria Dorothea überließ ihren Mann nicht bezahlten Bediensteten, sondern pflegte ihn selbst aufopferungsvoll. Sie war ihrem Mann treue Gemahlin, Pflegerin und Ärztin. Wenn der Palatin wegen der Landtage öfter für längere Zeit nach Preßburg übersiedeln musste, ließ sie ihn nicht allein dorthin ziehen, sondern begleitete ihn und wachte über seine Gesundheit.

Joseph war oft eigensinnig, was die nötige Diät betraf. Er hatte häufig Magenleiden, richtete sich aber in seinen Ess- und Trinkgewohnheiten nicht danach. Noch zwei Monate vor Josephs Tod klagte Maria Dorothea: »Der Erzherzog ist krank und folgt nicht. Er hat einen großen Appetit und ißt für seinen Zustand viel zu viel.«

Während der letzten 15 Lebenswochen des siebzigjährigen Palatins hat Maria Dorothea das Schloss nicht mehr verlassen. Als das Ende seines Lebens nahte, ging sie während der letzten 18 Tage nicht mehr zu Bett und kam nicht mehr aus den Kleidern, sondern wachte Tag und Nacht an seinem Krankenbett.

Am 11. Januar 1847 teilten Dr. Stáhly und die anderen behandelnden Ärzte Maria Dorothea mit, dass Joseph nicht mehr zu retten sei. Auf eigenen Wunsch erhielt er nun die Sterbesakramente. Dann ließ er seine in Schmerz aufgelöste Familie an sein Bett treten, sprach mit ihnen, segnete sie und küsste seine Tochter Elisabeth mit den Worten: »Dies für meinen geliebten Stephan!« Am gleichen Tag verlobte sich die Tochter Elisabeth mit dem Herzog Ferdinand d'Este.

Am folgenden Tag trat im Zustand des Palatin eine vorübergehende Besserung ein. Eigenhändig unterschrieb er einen Brief an seinen Neffen, den Kaiser, und zeigte ihm offiziell die Verlobung seiner Tochter mit Erzherzog Ferdinand an. Auch die unaussprechliche Freude, seinen so sehnlich erwarteten Sohn Stephan umarmen zu können, durfte er an diesem Tag noch erleben. Dann schwanden seine Kräfte zusehends, und am 13. Januar morgens um halb neun Uhr, als eben der von ihm gerufene Reichsprimas v. Kopacsy den Raum betrat, starb er.

Mit seinem Tod brach Maria Dorothea völlig zusammen. Der Trennungsschmerz und die lange Pflege hatten ihr die letzte Kraft genommen. Dr. Stáhly ließ Bauhofer kommen, der sie trösten sollte. Tränenüberströmt erzählte sie dem Vertrauten vom Tod ihres Mannes. Dann wurde sie ohnmächtig, und man musste sie in ihr Zimmer tragen.

Auf die Bevölkerung in ganz Ungarn, besonders aber auf die Menschen in Ofen und Pest, wirkte der Tod des Erzherzogs wie ein großes öffentliches Unglück. Tiefe Trauer lag über der ganzen Stadt. Alle Geschäfte, alle öffentlichen Angelegenheiten stockten, jede Fröhlichkeit wurde verbannt. »In die Klagen des patriotischen Edelmanns mischten sich die Tränen des schlichten Handwerkers und des bedürftigen Arbeiters, der in dem hohen Verblichenen seinen Vater, seinen Beschützer verloren hat.« Wer die Leutseligkeit, den hohen Sinn, den alles überschauenden Geist des Palatins kannte, mit dem er so unermüdlich die wichtigsten Angelegenheiten von Staat und Stadt und die Nöte des einzelnen Bürgers behandelt hatte, der begriff auch die Trauer, die sein Tod vor allem über die Einwohner von Ofen und Pest brachte.

Palatin Joseph hatte in der königlichen Burg in Ofen eine Familiengruft, die »Palatingruft« erbauen lassen, wo er nun bestattet wurde. Noch bis 1944 wurden seine Nachkommen dort beigesetzt.

Der Kaiser ordnete in Ungarn eine dreimonatige Landestrauer an. In Wien wurde für den Palatin Joseph ein Requiem gehalten, an dem die dort wohnenden Ungarn teilnahmen. Heute noch steht auf dem Josephsplatz in Budapest sein überlebensgroßes Denkmal, das im Jahr 1869 enthüllt wurde.

5. Nach Wien verbannt

Maria Dorotheas Weg ins Exil

Nach dem Tod ihres Mannes wurde Maria Dorothea gezwungen, Ungarn zu verlassen und in das Augartenpalais nach Wien zu ziehen. Dies geschah ausdrücklich gegen ihre Bitten und gegen ihren Heiratsvertrag, in dem festgelegt worden war, dass ihre Wünsche bei der Suche nach einem Witwensitz berücksichtigt werden sollten.

Schon am 19. Januar 1847, nur sechs Tage nach dem Tod des Palatins, empfing Maria Dorothea Pfarrer Bauhofer, um ihm von ihrer Verbannung zu berichten. Dieser hatte das Unglück geahnt. Die beiden schauten sich still an. Nach einer qualvollen Pause brach es schließlich unter Tränen aus Maria Dorothea heraus: »Kinder, ich muss fort!« Alle weinten. Totenstille trat ein. Nur schwer fand der Geistliche Worte des Trostes.

»Eine andere arme Witwe«, klagte sie, »kann hingehen, wohin sie will; mich zwingen sie, nach Wien zu ziehen, wo ich schon als Braut an der Seite meines guten Mannes zurückgeschreckt bin. Ich bekenne, ich habe dieses Land und diese Gesellschaft in meinem Herzen getragen, und es fällt mir schwer, sie zu verlassen.«

Besonders schmerzte sie, dass sie jetzt genötigt wurde, so plötzlich den Kreis ihrer Vertrauten zu verlassen und in eine ihr fremde Welt zu ziehen. »Jetzt muss ich ganz rasch gehen. Man schreibt mir zwar, man wolle mich mit Liebe im Kreis der königlichen Familie aufnehmen und trösten. Aber wenn das ihr Trost ist, dann brauche ich keinen!«

Der Grund für diese Plötzlichkeit war wohl eine künstlich aufgeheizte Antipathie. Vielleicht hielt man einen heimlichen Abgang von Ofen für richtig, um sicher zu sein, dass dort kein zu großes Aufheben bei ihrer Abreise gemacht wurde. Und gerade sie hätte einen festlichen Auszug verdient! Als Abfahrtstermin wurde der 25.

Januar acht Uhr morgens festgelegt. In aller Stille ohne jede Feier verließ sie in einer Kutsche den königlichen Palast. Nur wenig Gesinde und einige Kutschen folgten. Bauhofer bestellte die Gemeindeältesten dorthin. So waren etwa vierzig Menschen anwesend und nahmen unter Tränen Abschied von ihrer Palatinissa. Man glaubte, es sei ein Abschied für immer.

»Siehe da, so nimmt man Abschied«, schrieb Bauhofer in sein Tagebuch, »eine königliche Herzogin, die Witwe des Palatinus, die seit 28 Jahren ihr ganzes Einkommen dafür gebraucht hat, damit sie die Nackten kleidete, die Kranken und Elenden unterstützte, ohne Unterschied der Konfession, und die sich dabei selbst oft das Notwendigste versagte. Und was war ihr Lohn? Von Seiten der guten Seelen Bewunderung und Dank gegen Gott, von Seiten der Welt Spott und Verleumdung. Denn in gewissen Kreisen kann man der Erzherzogin nicht verzeihen, dass sie nicht ins Theater geht, keine Bälle veranstaltet und keine Whist-Partien gibt. Aber an Stelle von Teestunden hält sie in ihren Sälen Bibelstunden und pflegt den Umgang mit bürgerlichen Familienangehörigen. Und dazu trat der Hass der Anhänger von Rom, denen es entsetzlich war, dass sie mit ihren Kindern und mit ihrem Mann die Bibel las.«

Von der ihr vertrauten Bevölkerung hatte die Palatinissa schon zuvor bei einer Audienz in ergreifenden Szenen Abschied genommen. Ganz schrecklich war für sie, dass man sie von ihren Kindern und besonders von ihrem Sohn Joseph trennte. Auch um ihre Geistlichen und die evangelischen Getreuen tat es ihr Leid, die wegen ihrer geringen Zahl die Kirche noch nicht hatten bauen können. Nachdem Maria Dorothea weggezogen war, durften die evangelischen Gottesdienste nicht mehr im Betsaal in der Burg abgehalten werden. Schon am 31. Januar predigte Bauhofer daher im Kimnach'schen Haus.

Stephan wird Palatin

Stephan, Maria Dorotheas Stiefsohn, war nach seines Vaters Tod dessen Nachfolger als Statthalter von Ungarn geworden. Gleich danach trat er eine Rundreise durch Ungarn an, wo er sich durch seine

Stephan als Palatin
(Lithographie von József Bekel)

patriotischen Reden große Beliebtheit erwarb. Noch 1847 wurde er als Obergespan des Komitates Pest eingesetzt und vom ungarischen Reichstag in Preßburg zum Palatin des Landes gewählt. In diesem Amt setzte er die gemäßigte Politik seines Vaters fort. Nach Ausbruch der Revolution im März 1848 überreichte er persönlich als Führer der Reichstagsdeputation dem Kaiser die Forderungen des Reichstags, der eine weitgehende Selbständigkeit des Landes erstrebte. Stephan wollte zwischen dem revolutionären Ungarn und dem Hof vermitteln.

Als er dadurch in eine immer schwierigere Lage kam, wollte Maria Dorothea ihm helfen. Sie saß aber als »Verbannte« in Wien fest und erhielt keine Erlaubnis, nach Ofen zu reisen. Endlich siegte ihre Zuneigung zu ihren Lieben über das Verbot. Heimlich kam sie 1848 mit dem Schiff über die Pfingsttage nach Ofen. Sie kehrte im evangelischen Pfarrhaus ein, zusammen mit ihrer Kammerfrau Anna Müller. Und Stephan besuchte sie an den Nachmittagen der beiden Feiertage im Pfarrhaus. Hier fiel die Mutter ihrem Stiefsohn Stephan um den Hals, und sie besprachen sich anderthalb Stunden lang unter vier Augen.
In dieser kritischen Situation war Maria Dorothea mit ihrem echten Mitgefühl für Stephan die einzige Vertraute auf der Welt. Sie verstand und empfand seine schwierige Lage. In schrecklichen Ängsten schrieb sie ihrem Seelsorger Bauhofer: »Betet für Stephan. Seine Lage ist sehr gefährlich, wir müssen ihn in Jesu Hände legen.«

Liebe aus der Ferne

Den Ungarn galt Maria Dorotheas Liebe. Deshalb und wohl auch wegen ihres bewusst gelebten evangelischen Glaubens hatte man sie sofort nach dem Tod ihres Mannes aus Ofen verbannt. Wie damals in Wien über den Protestantismus in Ungarn gedacht wurde, drückte der berüchtigte Minister Bach so aus: »Wie wir den Protestantismus zum Aussterben bringen, das können wir in den Erblanden ruhig den Bischöfen anvertrauen; doch anders steht die Sache in Ungarn: Hier braucht die staatliche Macht eine starke Mitarbeit, weil es eine extreme politische Opposition gibt; und wenn man hier nicht alles von der Wurzel ausroden würde, dann würde Ungarn eine deutsch-slawische Provinz werden...« Man fürchtete, Maria Dorothea könnte in Ungarn eine starke Stütze des Protestantismus und des Nationalismus werden.

Früher schon hatte Maria Dorothea Bauhofer geklagt, dass man ihr in Wien ihren Glaubenseifer verüble und dass der Familienrat beschlossen habe, ins Habsburger Haus sollten keine protestantischen Frauen mehr aufgenommen werden. Metternich bestimmte: »In Zukunft darf mir keine Protestantin mehr in die Familie.«

Major Anders, der lettische Erzieher des jungen Erzherzog Joseph und spätere General, und Metternich waren in Wien die ärgsten Feinde der Palatinissa. Dies wusste sie gut, und sie fürchtete sich vor ihnen. Nach dem Tod ihres Mannes hatte sie dem Kaiser und Metternich geschrieben, sie sollten doch zulassen, dass sie in Ofen bei ihren Kindern und bei den Ungarn bleiben könne. Ihr Mann hatte dies in seinem Testament verfügt, und auch nach ihren Verträgen mit dem Haus Habsburg stand ihr das zu.

Obwohl ihr das Bleiben nicht gestattet wurde, war ihr Abschied von Ofen und von Ungarn nicht endgültig. Mit ihren Vertrauten, mit Székács und besonders mit Bauhofer, stand sie weiterhin im Briefwechsel. Oft klagte sie in ihren Briefen über ihre Lage, die sie selbst als »Verbannung« bezeichnete. Sie berichtete über »schwere Prüfungen« und über ihre »bedrängte Lage«.

Augarten-Palais (Zeitgenössischer Stich)

Das Augarten-Palais

Das Palais im Augarten, ein kleines Gartenschloss, dessen Architekt der berühmte Barockbaumeister Fischer v. Erlach war, wurde nun ihr Aufenthaltsort. Über dem Gartenportal stand und steht heute noch die Inschrift: »Allen Menschen gewidmeter Erlustigungsort.«
1688 bis 1692 hatte der Kaufmann Zacharias Leeb im südlichen Teil des heutigen Augartens ein kleines Gartenschloss errichten lassen. Das Gebäude bestand aus einem mittleren ovalen Saaltrakt, an den seitlich zwei kurze, zweigeschossige Flügel angefügt waren. Dieses kleine Palais war nun Maria Dorotheas »Witwensitz«. Für sie allerdings waren der schöne öffentliche Garten und der Palast kein »Erlustigungsort«, sondern ein Gefängnis.

Kusine Helena von Russland

In Wien hatte Maria Dorothea nun Gelegenheit zu erkennen, welcher Geist am kaiserlichen Hof unter dem Einfluss Metternichs herrschte. Nach den Statuten des österreichischen Hauses konnte der Kaiser Testamente für nichtig erklären und leiblichen Eltern die Kinder wegnehmen, wenn es im Interesse der Dynastie lag. Maria Dorothea war darüber bestürzt. Sie konnte nur dulden und hoffen. Die russische Großfürstin Helena war Maria Dorothea besonders zugetan. Die württembergische Prinzessin Charlotte hatte den russischen Großfürsten Michael geheiratet und nach ihrer orthodoxen Heirat den Namen Helena angenommen. Michael war ein Bruder von Katharina, der früh verstorbenen württembergischen Königin, und von Alexandra, der ersten Frau von Palatin Joseph. In Helena fand Maria Dorothea eine Ratgeberin und Trösterin. Als sie von den rücksichtslosen Hausgesetzen im Haus Habsburg erfuhr, meinte sie, der Zar sei im Vergleich zum Kaiser von Österreich ein liberaler Mann.

Maria Dorothea soll katholisch werden

Nun drohte aber neue Gefahr. Es war nicht genug, dass man sie ihrer Kinder und ihres geliebten ungarischen Heimatlandes beraubt hatte, sondern es geschah, was sie im Innersten befürchtet hatte: Man forderte von ihr, ihren großen Schatz, ihre Gewissensfreiheit, ihre Glaubensüberzeugung zu opfern. Auf zartere und gröbere Weise bestürmte man sie von allen Seiten. Es war der Wunsch von Erzherzogin Sophie, der Mutter des Kaisers Franz Josef, sie solle den päpstlichen Nuntius zum Besuch empfangen. Falls sie das täte, so redete man ihr zu, würde man bald ihre Kinder zu ihr lassen und ihr Verhalten dem Hof gegenüber wäre dann auch weniger verdächtig. Vermutlich fand der Besuch nicht statt; das Verhältnis zur Erzherzogin Sophie blieb gespannt.

Fürst Alexander von Hohenlohe

Bischof Alexander von Hohenlohe (Lithographie von G. Decker)

Der Hauptansturm ging zunächst von einem sonderbaren Heiligen aus, der vorübergehend als Wundertäter Aufsehen erregt hatte, und zwar von Fürst Alexander Leopold von Hohenlohe-Waldenburg-Schillingsfürst. Er war das achtzehnte Kind seiner Familie und wäre gerne Soldat geworden, wurde aber, von seiner Mutter zum geistlichen Stand bestimmt, schließlich Domherr und Weihbischof an der Wiener Hofburg. Dieser Charmeur-Erzpriester hatte mit Beten unter Handauflegen schon manche Wunder im Kreise der Herzoginnen und Magnatendamen vollbracht. Nun sollte er Maria Dorothea in seine Obhut nehmen, mit der er so nahe verwandt war, dass sich die beiden in ihren Briefen mit Kusine und Vetter anredeten. Er schrieb ihr nicht nur schmeichlerische Briefe, sondern suchte sie auch in Wien auf.
Maria Dorotheas Antworten zeigen ihre sehr klare evangelische Haltung. Sie hielt diesen Briefwechsel für so wichtig, dass sie ihn Bauhofer übergab, damit er der Nachwelt erhalten bliebe.
Am 19. Juni 1847 schrieb Alexander Leopold: »Meine gnädigste mir so teure Seele! Bei meiner Zusammenkunft in Wien mit E. K. H. habe ich mit heiligem Schauer wahrgenommen, wie der hl. Geist Sie erleuchtet und Funken hervorschossen, die nicht Fleisch und Blut eingaben. Doch zur Sache! Vor allem bitte zu glauben, daß der Drang zu schreiben aus mir, von keiner Seele angeregt kommt, denn in allen Dingen gehe ich als ehrlicher Schwab den geraden Weg, wo weder Welt, Hoheit mich im geringsten anfechtet.«
Alexander Leopold wird nun direkt »ökumenisch«: »Er, der aus Stei-

nen Abraham Söhne zu schaffen weiß (Matth. 3,9), er wird schon in beiden Konfessionen sich seine Rüstzeuge bilden, um an dem schönen Werke des kirchlichen Friedens und der Einheit zu arbeiten. Einstweilen wollen wir uns gegenseitig in Liebe dulden, Keines das andere richten, da der Herr sich allein das Gericht vorbehalten hat. In Kontroversen brauche ich mit Ihnen nicht einzugehen, eine Seele, wie Dorothea (Gottes-Geschenk) ist eine vom Herrn begabte Seele, eine begnadigte Seele, wie mir nicht bald eine vorgekommen.«
Und nun wird Alexander Leopold dogmatisch: »... ist aber nur Ein Wort Gottes, so ist auch nur ein Glaube ... Deshalb können nicht mehrere und verschiedene christliche Glaubens-Bekenntnisse sein, sie würden sich sonst widersprechen, können daher nicht göttlichen Ursprungs sein. Es kann doch nicht zugleich wahr sein, dass sieben Sakramente und wieder nur zwei seien, dass der Mensch gerecht werde durch den Glauben allein, und nicht durch den Glauben allein. Jakobus 2, 24 ... Ist es Euer K. Hoheit meiner gnädigsten Kusine nicht unlieb, so werde ich im nächsten Briefe zeigen, wo und welche die wahre Kirche ist, was ich nur aus dem Worte Gottes – ohne die Erblehre zu berühren, zu beweisen im Stande bin ...
Mein letzter Blutstropfen für Ihr Heil gehört Ihnen.
Alexander Fürst Hohenlohe. Großwardein, 19. Juni 1847.«

Am 22. Juni folgten drei Foliospalten »über die wahre Kirche«, am 2. Juli 10 Foliospalten über das »Eine Notwendige« und am 15. und 18. Juli 1847 42 Folioseiten über »Tradition, Sündenfall, Erlösung, gute Werke, Sakramente, Reinigungsort, Ablass, Gerechtigkeit, Sünde«.
Am 13. antwortete Maria Dorothea kurz: »Lieber Vetter! Ich danke Ihnen für das Zeugnis, das Sie mir in Ihrem ersten Schreiben geben: ›daß ich den Hl. Geist habe‹. Da Er Sich nur armen, elenden begnadigten Sündern mitteilt, so nehme ich schon längst das Zeugnis des Geistes selbst, in tiefer Unwürdigkeit wohl, doch an, wie ein Bedürftiger vom Reichen!
Joel 2, 28,29.[1] – Römer 1, 16. – 2. Korinther 4, 3 – 1. Thessaloni-

[1] Die Allioli-Bibel folgt in ihrer Zählung der Vulgata. Im hebräischen Urtext

cher 1, 4, 5. – 1. Petrus 2 - 10. – 2. Timotheus 3, 14, 15. – 1. Johannes 2, 20 - 27. Dies auf den ersten und zweiten Brief. – Auf den 3ten Brief diene zur Antwort: Jakobus 1, vom 2ten Vers an bis Ende: besonders die Verse 5 und 18.
Marie.
Lukas 10, 39. Aus der Übersetzung des Allioli[2], Landshut 1839.«

Interessant ist, dass Maria Dorothea hier die katholische, vom Papst autorisierte deutsche Bibelübersetzung von Allioli verwendet, wohl um ihren Vetter mit seinen eigenen Waffen zu schlagen! Und das Zitat Lukas 10, 39 – nach ihrer Unterschrift »Marie« – heißt: »Sie hatte eine Schwester mit Namen Maria; die setzte sich zu Füßen des Herrn nieder und hörte sein Wort.«
Am 18. Juli fügte Maria Dorothea diesem Brief an Alexander von Hohenlohe noch bei: »Ehe dieser Brief abgehen konnte, kamen die zweiten und dritten Hefte an. – Ich nehme als alleinige Quellen, aus welcher wir Wahrheit schöpfen sollen, nur die heiligen Schriften des alten und neuen Testamentes an. Ich glaube fest wie ein Kind, dass ›das Wort Gottes wohl geläutert ist‹ oder wie Allioli übersetzt: Psalm 118[3], Vers 140: ›Gar sehr ist dein Wort in Feuer geläutert.‹ Psalm 12,7: ›Die Worte des Herrn sind reine Worte: Silber, das im Feuer bewährt ist, im irdenen Tiegel erprobet, gereiniget siebenmal.‹ – Psalm 19,9: ›Die Rechte des Herrn sind genau und erfreuen die Herzen: das Gebot des Herrn ist hell und erleuchtet die Augen.‹ Keine Gewalt der Erde und des Himmels, auch kein Engel kann mich von dieser Quelle abbringen. Kein Menschenwort, auch des Besten nicht. Die Nachfolger Christi sind alle die, welchen ER das

und in andern Übersetzungen, z. B. von Martin Luther, ist dies Joel 3, 1 und 2. In der Allioli-Bibel heißen diese Verse: »Und danach will ich meinen Geist über alles Fleisch ausgießen, dass weissagen eure Söhne und eure Töchter, Träume träumen eure Greise, und Gesichte sehen eure Jünglinge; ja, auch über meine Knechte und Mägde will ich meinen Geist ausgießen in jenen Tagen.«

2 Joseph Franz Allioli (1793-1873) wurde 1816 Priester, dann Dozent und später Professor an der Universität Landshut. 1830-1834 gab er eine deutsche Bibelübersetzung nach der lateinischen Vulgata mit Anmerkungen heraus, die die hebräischen und griechischen Texte berücksichtigen.

3 Nach der Vulgata-Zählung, in der Lutherbibel Psalm 119

ewige Leben verleihen will, nämlich Johannes 17,23 – Eine heilige Scheu und Freude ergreift die Seele bei diesem freien Gnadengeschenk. Das Wort Gottes halte ich für Anfang und Ende aller Offenbarung. Wie Offenb. Johannes Kap. 22, Vers 18,19. bekräftigen. Alliolische Bibel.«

An Bauhofer und Székács schrieb Maria Dorothea am 13. Juli 1847: »Hier schicke ich den dritten Brief-Anfall und die Antwort auf alle 3 wörtlich ... ich schlug mein kleines Testament auf und der Herr gab mir das erste Kapitel Jakobus, welches genügend ist, den Unsinn und die schändliche Verdrehung der Bibelstellen zu zertrümmern. Ich hatte dieser Tage wieder einen schweren Kummer!«

Am 18. Juli 1847 schrieb sie an Bauhofer: »Eben erhielt ich wieder 2 Hefte von F. A. Hoh. Hier schicke ich sie zur Aufbewahrung zu dem Übrigen. Es ist schrecklich, wie der S[atan] gegen das Wort Gottes wütet, da er weiß, daß er nur noch eine kurze Zeit hat! Der Herr in meiner so schweren bedrängten Lage gab mir Verse, wie mir scheint, zur Antwort. Ich schicke sie auch hierbei. Ich schrieb sie in den ersten Brief, welcher noch nicht fort ist. Ich wünsche zu wissen, ob Ihr zufrieden damit seid, da es so wichtig ist. – Wenn Ihr's recht findet, so schreiben Sie mir nur: ›Wir wünschen der lieben Fr. Herzogin eine glückliche Reise‹; schreiben Sie dies dann nur durch die Post. Dieser dritte Packl kommt Ihnen durch sichere protestantische Gelegenheit.«

Geheime Korrespondenz

Ihren regen Briefwechsel mit evangelischen Gläubigen in Ungarn nahm man Maria Dorothea am Wiener Hof übel, später untersagte man ihn. Daher ging Maria Dorothea zu geheimer Korrespondenz über und schickte gelegentlich Briefe durch Offiziere, den Schiffskapitän, durch einen Arzt und durch die Kammerfrau. Interessant sind die schon erwähnten ›Geheimcodes‹, die sie vereinbart hatte.

Geheime Besuche

Doch trotz des allgemeinen Verbots konnte Maria Dorothea aber teils mit besonderer Erlaubnis, teils ohne solche, noch einige Male zu Besuch nach Ofen fahren. Und dies war immer eine große Freude, ein leuchtender Punkt in ihrem Leben. Im April 1847 kam sie zum ersten Mal für vier bis fünf Tage und wohnte bei ihrem Sohn in der Burg. Die Evangelischen unter der Leitung von Ludwig Schedius erwiesen ihr Verehrung. Sie besichtigte auch die neu erbaute Kirche, versprach eine Orgel und ließ für die Armen fünfhundert Forint dort.

Besuch mit der Mutter

Im August 1847 lud sie ihre Mutter, die immer noch lebhafte und geistvolle Herzogin Henriette, nach Wien ein. Bei dieser Gelegenheit erlaubte der Hof der Palatinissa, auch nach Ofen zu fahren. Voll Begeisterung schrieb Maria Dorothea an Hofprediger und Freund Bauhofer:

»Meine Mutter soll den 6ten kommen. Ich *darf* nach Ofen. Ich will aber nicht zur Einweihung[1] kommen; ich will nur zur Kommunion. Auch wünsche ich keinen aparten Sitz in der Kirche, sondern mit Krethi und Plethi zu sitzen ... Ich hatte wieder eine schreckliche Zeit! ... Antworten Sie mir bald auf die verabredete Weise. Die Reise nach Ofen ist ein lichter Punkt für mich Elende! Betet nur! – Sagen Sie gütigst Székács, daß ich hoffe, bald für seine Pläne etwas beizusteuern.

Ihre Schwester Marie.«

Anfang September kam Maria Dorothea dann wirklich für einige Tage nach Ofen. Sie schaute sich die nun fertig gewordene neue Kirche an, ihr Werk, die heimliche Freude ihres Herzens; doch bis zum Einweihungsfest blieb sie nicht dort, um nicht mit ihrer Anwesenheit ihre Gegner zu reizen. Am 26. September fand eine schöne

[1] der neuen Kirche

und würdige Einweihung statt. Auch viele vornehme andersgläubige Gäste waren anwesend, so auch Graf Stephan Széchenyi. Maria Dorothea war nur im Geist dort. In ihrer Augarten-Einsamkeit betete sie: »Herr hilf, o Herr, lass wohlgelingen!«

Delegation aus Ungarn in Wien

Wenn Maria Dorothea nicht nach Ofen reisen konnte, kamen Delegationen aus der Ofener Gemeinde zu ihr. Von solch einem Treffen berichtet Bauhofer in seinem Tagebucheintrag zum 13. April 1847: »Vormittag um 10 Uhr empfing die Frau Erzherzogin die große Deputation der ev. Gemeinde. Diesmal war Herr Statthalters-Rat v. Schedius der Obere. Er hielt eine kurze, aber gemütliche Ansprache, die die Fürstin mit einigen herzlichen, uns alle sehr ergreifenden Worten erwiderte: ›Die Protestanten‹, sagte sie, ›sind darum glücklich zu preisen, weil wir aus Gottes Wort wissen, dass wir gar wenig und Gott Alles in Allem ist, und dass wir uns nicht auf Fleisch und Blut, sondern auf den Herrn verlassen. Ich verdiene nicht die Lobreden und bin nur ein schwaches Mitglied der Gemeinde und nicht ihre Mutter! Was durch mich geschehen ist, hat die Liebe des Herrn getan, diese soll uns auch ferner vereinen.‹ In vieler Augen sah ich Tränen.«

Brief nach Ungarn

Im evangelischen Kirchenarchiv in Budapest liegt ein Brief von Maria Dorothea vom 8. Dezember 1847. Offensichtlich hatte der dort stattfindende Konvent ihrer gedacht und sie gegrüßt. Maria Dorothea schreibt:
»Löblicher General-Konvent!
Mein unvergeßlicher Gemahl hat mir kein teureres Vermächtnis hinterlassen können als die wehmutsvolle Teilnahme, von welcher ich mich allerseits umgeben sehe und nun auch der General-Konvent meiner Glaubensgenossen in Ihrer Eingabe vom 15. August l. J. ein

mir wertvolles Zeugnis abgelegt hat. In dem die für den hohen Verblichenen in Ihrem Schreiben ausgedrückten Gefühle der Verehrung und Huldigung mir zum innigen Troste bei dem Schmerze gereichen, der sich ob des Verlustes meiner schönsten Lebensfreude in meinem Innersten immer regt, blicke ich zu dem Allerhöchsten empor, der die Weisheit und Liebe selbst ist und der uns auch dann segnet, wenn er schmerzliche Verluste über uns verhängt. Übrigens danke ich Ihnen für den Ausdruck Ihrer ergebenen Anhänglichkeit und verbleibe mit besonderer Gewogenheit, Wien, den 8. Dezember 1847 Ihre wohlwollende Maria Dorothea.«

Vom Ball ausgeladen

Haben die Vorbereitungen zu einem festlichen Ball die Stimmung im Revolutionsjahr 1848 kippen lassen? Am Sonntag, den 20. Februar 1848, lud der Palatin Stephan die Mitglieder des Ungarischen Reichstags zu einem Ball nach Preßburg ein. Allerdings nicht alle Mitglieder des Reichstags – einer sollte zuhause bleiben: Graf Casimir Batthyányi.

Batthyányi war von hohem Familienadel und war einer der ersten Magnaten. Die Opposition hatte ihn zu ihrem Anführer gewählt, was man am Wiener Hof nicht gerne sah. Aber nun war er auch noch zum evangelischen Glauben übergetreten. Das schien dem Hof in Wien nun doch zu viel zu sein, und Stephan wurde gedrängt, Casimir Batthyányi nicht zu seinen Bällen einzuladen.

Stephan wollte dem zuerst nicht zustimmen und wehrte sich. Aber noch am Samstag vor dem Fest kam ein Telegramm aus Wien mit der ultimativen Anordnung, Stephan dürfe diesen Grafen nicht einladen. So bekam Graf Batthyányi zu diesem Fest kein Eintrittsbillett. Was war die Folge? Über hundert der geladenen Gäste – und zwar evangelische und katholische Angehörige des Reichstags, unter ihnen die angesehensten Magnaten – gaben ihre Eintrittsbilletts dem Erzherzog zurück und erschienen nicht auf dem Ball.

Erzherzog Stephan konnte seine Missstimmung nicht verbergen und reiste gleich am nächsten Tag nach Wien zurück.

Die Revolution

In Paris war inzwischen die »Februarrevolution« ausgebrochen, »Bürgerkönig« Ludwig Philipp dankte ab und floh, und die zweite Republik wurde ausgerufen. Nun schwappten die Ereignisse auf ganz Europa über. Im März 1848 ging es auch zwischen Wien und Ungarn immer hektischer zu. Die Mitglieder der Opposition im ungarischen Reichstag machten sich große Hoffnungen, die Stimmung war erregt. Ludwig Kossuth, der Oppositionsführer, hielt am 3. März vor dem Reichstag in Pest seine »Taufrede der Revolution«, in der er sagte, »der erstickende Dampf des tödlichen Windes aus den Bleikammern der Wiener Regierungssysteme erdrückt, lähmt und vergiftet alles.« Das Schicksal Ungarns hing an einem seidenen Faden. Alle warteten auf Entschlüsse des Kaisers und Königs. Ein lebhafter Kurierwechsel nach allen Seiten hin war im Gang. In dieser höchsten Krise wagte es der Erzherzog Palatin nicht, die Verantwortung auf sich zu nehmen, er eilte nach Wien, um der Sitzung der Magnatentafel nicht präsidieren und die Annahme der ständischen Entschlüsse aussprechen zu müssen. Der Chef der Magnatenopposition, Graf Ludwig Batthyányi, rügte das Verhalten des Erzherzogs, und die Versammlung ging in höchster Erregung auseinander.

Und nun ging es Schlag auf Schlag. In Wien besetzten am 13. März Studenten und Bürger das Landhaus. Es gab die ersten Toten. Fürst Metternich musste zurücktreten und floh nach England. Am 15. März kam es zu Aufständen in Wien, in Mailand, Prag und auch in Pest. Kaiser Ferdinand versprach eine freiheitliche Verfassung für Österreich.

In Pest besetzen Petöfi und seine Mitstreiter am 15. März das größte Pressehaus und führten Petöfis »Ungarische Nationalhymne« auf, die die Revolution verherrlichte.

Am 17. März ernannte Palatin Stephan schließlich Graf Ludwig Batthyány zum konstitutionellen Ministerpräsidenten. Am 22. März wurde Stephan zum Vizekönig von Ungarn gewählt. Wie Batthyány befürwortete er eine größere Unabhängigkeit Ungarns von Wien, aber keine Loslösung.

Besuche in Ofen

Auch in diesen unruhigen Tagen gelang es Maria Dorothea, heimlich nach Ofen zu gelangen. Sie wohnte sicherheitshalber nicht auf der Burg, sondern in Privathäusern. Die Ofener hatten nach Metternichs Sturz gehofft, Maria Dorothea könne wieder auf Dauer nach Ungarn zurückkehren, doch ihre Freude war verfrüht. Sie kam nur für fünf Tage nach Ofen und kehrte bei Frau Kiss, der Frau eines ehemaligen Agenten des Palatin, ein.

Am 10. Juni besuchte Maria Dorothea erneut ihre geliebte Stadt. Diesmal war sie bei ihrem Freund und Hofprediger Johann Georg Bauhofer im Pfarrhaus zu Gast. An den beiden Pfingstfeiertagen ging sie zur Kirche und nahm auch am Abendmahl teil. Bei dieser Gelegenheit besuchte sie zweimal der Palatin Stephan. Bereits im voraus hatte Maria Dorothea geschrieben, dass nur gewöhnliche Speisen bereitet werden sollten, ein Teller und nicht mehrere Gänge (diese Zeile ist unterstrichen), weil sie das wirklich kränken würde.

In den aufregenden und später schrecklichen Tagen des Freiheitskampfes ängstigte sich Maria Dorothea, und sie litt mit ihren Lieben in Ofen und mit der ganzen unglücklichen Nation.

Aufstand in Wien

In Wien kam es am 15. und 16. Mai 1848 zum zweiten Aufstand. Kaiser Ferdinand floh am 17. Mai mit seiner Familie nach Innsbruck. Am 26. Mai gab es den dritten Aufstand in Wien mit der Bildung eines Arbeiterkomitees. Am 17. Juni schlug Feldmarschall Alfred Fürst zu Windischgrätz den »Pfingstaufstand« in Prag blutig nieder.

Stephan flieht

Am 12. August kehrte Kaiser Ferdinand nach Wien zurück. Vom 21. bis 23. August kam es dort zum vierten Aufstand. Am 12. September trat in Ungarn Graf Batthyány zurück, und der radikale Lud-

wig Kossuth übernahm die Regierung. Am 21. September legte der Palatin Erzherzog Stephan sein Amt als Vizekönig von Ungarn nieder.
Kossuth hatte Stephan die ungarische Krone angeboten, doch dieser lehnte ab, weil er seinem Vater am Sterbebett geschworen hatte, diese auszuschlagen. In Wien verdächtigte man ihn trotzdem der Verschwörung, und er fiel nun auch dort in Ungnade. Selbst die Ungarn beschuldigten und hassten ihn, weil er eben doch ein Habsburger war. Am 22. September verließ Stephan heimlich die ungarische Hauptstadt, dankte am 25. September als Statthalter ab und floh auf das Gut seiner Mutter, auf Schloss Schaumburg.

Ferdinand dankt ab. Franz Joseph wird Kaiser

Am 3. Oktober löste Ferdinand I. den ungarischen Reichstag auf und verhängte über Ungarn den Belagerungszustand. Drei Tage später begann in Wien die »Oktoberrevolution«. Kaiser Ferdinand floh nach Olmütz und ließ von dort den Kampf gegen die Revolution ausrufen. Am 22. Oktober belagerte Windischgrätz Wien, das die kaiserlichen Truppen am 31. Oktober einnahmen.
Der schwache Kaiser Ferdinand I. dankte am 2. Dezember ab. Sein Bruder verzichtete auf den Thron und dessen Sohn, Maria Dorotheas achtzehnjähriger Großneffe Franz Joseph, wurde Kaiser. Zu diesem suchte Maria Dorothea immer wieder den Kontakt.

Revolution in Ungarn

Am 12. Dezember brach schließlich in Ungarn die Revolution aus. Die Ungarn verweigerten die Anerkennung Kaiser Franz Josephs als König von Ungarn. Windischgrätz drang in Ungarn ein und nahm Tyrnau, Preßburg, Ödenburg und Raab in wenigen Tagen ein.
In dieser für Ungarn so schweren Zeit musste Maria Dorothea am kaiserlichen Hof bleiben. Und mit diesem floh sie vor den Aufständischen nach Brünn und später nach Olmütz. Auch von dort schrieb

sie Briefe nach Ungarn. Unendlich schmerzte es sie, dass der Kampf ausgebrochen war und sie nicht zu ihren Lieben kommen konnte. In der Zeit der Entzweiung zwischen der Regierung und der ungarischen Nation war ihr Herz gegenüber den Ungarn für keinen Augenblick kalt geworden. Am 31. Dezember 1848 schrieb Maria Dorothea aus Olmütz an Bauhofer nach Ofen: »Der Herr segne den unaussprechlich lieben Ort, um den auch ich weine.«

Das ungarische Parlament flüchtet

Am 5. Januar 1849 zog Windischgrätz dann in Pest ein. Batthyány wurde verhaftet. Das ungarische Rumpfparlament unter Kossuth floh nach Debrecen.

Maria Dorothea sah die Ungarn auch jetzt noch als »ihr Volk« an. Am 31. Januar 1849 schrieb sie aus Olmütz: »O, wie beneide ich den Boten, der Ihnen meinen Brief bringt; ich kenne ihn nicht, aber jetzt wäre ich liebend gern an seiner Stelle. Ich trage das ganze Land in meinem Herzen.«

Am 8. Februar klagte sie in einem Brief aus Olmütz, dass ihre Lage dort wirklich unerfreulich sei, und betet: »Der Herr breite seine Flügel aus über meine einzige Heimat.«

Durch ihre Briefe erreichte Maria Dorothea, dass Bauhofer, Székács und Török nicht wie mehrere protestantische Bischöfe flohen. Als die Gefahr immer größer wurde, riet sie Bauhofer, er solle seine Familie auf die »Große Schütt« schicken und später, wenn es notwendig würde, selbst zu ihnen fliehen.

Am 22. Februar kam wieder ein Brief von Maria Dorothea. Jetzt verbreitete sich in Ofen das Gerücht, sie kehre dorthin zurück. Und diese Nachricht bekam immer schillerndere Züge. György Zsivora, einer der höchsten Richter, und Ignác Stáhly, einer der bedeutendsten Ärzte Ungarns, beide Mitglieder der Ungarischen Akademie der Wissenschaften, glaubten fest, dass die Palatinissa kommen würde und erwarteten sie mit großer Freude. In diesen kritischen Tagen traf Maria Dorothea täglich zweimal mit Franz Joseph, dem jungen Monarchen, der sie hoch schätzte, zusammen.

Bauhofer rettet das Familienbild

Mit Bauhofer, der bei der Belagerung und der Einnahme der Ofener Burg oben auf der Burg im Pfarrhaus lebte, hatte Maria Dorothea auch in diesen kritischsten Tagen Briefverkehr. Als einzelne Ungarn im Siegestaumel in den Palast stürmten und ein schönes großes Ölgemälde wegschleppten, das die drei Kinder der Palatinissa, Joseph mit seinen beiden Schwestern, darstellte, rettete es Bauhofer, indem er den beiden Soldaten, die es beschlagnahmt hatten, zehn Forint dafür zahlte.

Ungarn erklärt seine Unabhängigkeit

Im April erklärte das ungarische Rumpfparlament die Unabhängigkeit Ungarns und die Absetzung von Franz Joseph als ungarischer König und setzte Kossuth zum Reichsverweser ein. Kaiser Franz Joseph erließ eine Proklamation an die »Völker Ungarns«, in der er ankündigte, dass Österreich Russlands Hilfe bei der Niederschlagung des Aufstandes in Ungarn in Anspruch nehme. Russland gewährte Waffenhilfe. Und Ende Juni wurde die ungarische Revolutionsarmee in mehreren Gefechten von den kaiserlichen Truppen geschlagen. Am 3. Juli ergab sich Debrecen den Russen. Kossuth floh mit seiner Regierung nach Szegedin. Österreichische Truppen unter Feldzeugmeister Julius Freiherr von Haynau besetzten Pest und Ofen am 11. Juli 1849.

Freiherr von Haynau, die »Hyäne von Brescia«

Freiherr von Haynau, ein Sohn von Kurfürst Wilhelm I. von Hessen-Kassel und seiner Gemahlin Rosa von Lindenthal, hatte sich im österreichischen Heer vom Leutnant bis zum Feldmarschall hochgedient. Bekannt war er für seine ungeheure Grausamkeit. Beim Feldzug in Italien hatte er für sein brutales Vorgehen gegen die Aufständischen in Brescia den Beinamen »Hyäne von Brescia« erhalten.

Inzwischen war er zum Feldzeugmeister und Oberkommandierenden von Ungarn avanciert. Am 9. August besiegte Haynau die Ungarn in der Schlacht bei Temesvár. Auch hier ging er mit blutiger Härte vor und befahl Hinrichtungen und Einkerkerungen, so dass Tausende vor ihm ins Ausland flohen, unter vielen anderen auch Kossuth.

Am 3. Oktober fiel die Festung Komorn. Damit war der Widerstand in Ungarn gebrochen. Am 6. Oktober, beim »Árader Blutgericht«, exekutierte Haynau 14 Führer des ungarischen Aufstandes. Weitere 114 Todesurteile wurden gefällt und vollstreckt und über zweitausend Freiheitsstrafen verhängt. Am gleichen Tag wurde auch Batthyány hingerichtet, den Windischgrätz in Pest gefangen gesetzt hatte. Die letzten Worte Ludwig von Batthánys: »Ihr könnt mich töten, aber nicht verurteilen«, wurden in Ungarn zu einem Sprichwort. Sein Vetter Casimir von Batthány, durch den es damals zum Eklat gekommen wir, emigrierte über die Türkei nach Paris.

Maria Dorothea setzt sich für die Ungarn ein

Maria Dorothea befand sich in der gleichen kritischen Lage wie vorher Stephan, ihr Stiefsohn. Ihr Herz schlug für die Ungarn. Sie litt mit ihnen, doch als Glied des Habsburger Hauses konnte sie nichts gegen den Kaiser unternehmen.

Auch ihre Interventionen bei anderen hohen Regierungsbeamten blieben oft ohne Erfolg. So schrieb der Polizeiminister Kempen am 9.10.1849 in sein Tagebuch:

»Ladislaus Csanyi und Baron Johann Jeszenák, vom Anfange der Rebellion bis zum Ende derselben mit Leidenschaftlichkeit tätig, deren Wirksamkeitsspuren allenthalben sichtbar waren, wurden beide wegen Hochverrat zum Tode mit dem Strange verurteilt. Um allen Gesuchen um Begnadigung und Besuch der Verurteilten zu entgehen, fuhr ich nach Ofen. Als ich nach Hause kam, fand ich einen Brief von der Erzherzogin Maria Dorothea – Witwe des Palatins Josef, in welchem sie um Aufschub der Exekution für den *evangelischen* Baron Jeszenák bittet.«

Aber es war zu spät. Am 10. Oktober wurden in einem Schauprozess in Pest beide öffentlich durch den Strang hingerichtet. Josef Székács, Jeszenáks Beichtpfarrer, begleitete die beiden zur Richtstätte.
Viele Geistliche beider Konfessionen hatten sich nach dem zunächst siegreichen Freiheitskampf für die Ungarn ausgesprochen. Als nun Windischgrätz Ofen und Pest einnahm und die Russen dann auch im übrigen Ungarn den Aufstand niedertraten, flohen viele von ihnen.
Zur damaligen Lage berichtet Bauhofer in seiner Kirchengeschichte: »Diese (die Geistlichen, Dorfschullehrer und Dorfnotare) wurden nämlich an vielen Orten wegen Ablesen von Plakaten vor die Kriegsgerichte gestellt und zu den verschiedensten Strafen verurteilt, manche auch von den Truppenführern auf einfache Denunziation hin misshandelt, ... als Landesverräter betrachtet und manche derselben auch erschossen. Die Lage der Geistlichkeit war daher in jeder Beziehung eine missliche... Superintendent Haubner wurde vom Fürsten Windischgrätz zu sechs Jahren Festungsbau verurteilt und erst nach zweijähriger schwerer Kerkerhaft vom jungen Monarchen begnadigt. Sein trauriges Los sollten aber bald auch andere Prediger sowie Priester der katholischen Kirche teilen; denn für die siegreichen Ungarn hatten sich viele Geistliche offen ausgesprochen und ihre Sache mit Rat und Tat gefördert. Von den 3000 evangelischen Predigern Ungarns mögen durch die Kriegsgerichte vielleicht fünfzehn Personen zu größeren oder geringeren Strafen verurteilt worden sein.«

Die Haynau-Verordnung

Hinzu kam, dass der gefürchtete Habsburger Militärkommandant Haynau am 10. Februar 1850 eine Verordnung erließ, die der evangelischen Kirche praktisch jede Freiheit nahm. Darin heißt es: »Nachdem die Abhaltung von Wahlen zu den erledigten Stellen der Superintendenten, welche sonst durch die freie Wahl der Gemeinden zu ihrer Würde zu berufen wären, während der Dauer des Ausnahmezustandes, gleich anderen Wahlhandlungen unzulässig ist, ande-

rerseits aber Männer gefunden werden müssen, mit deren Hilfe die protestantische Geistlichkeit und das Volk in der Bahn des Gesetzes erhalten und dem weiteren Verfall dieser Kirchengemeinden vorgebeugt werden soll, so werde ich an die erledigten Stellen der Superintendenten vertrauungswürdige, charaktervolle Männer berufen, welche unter dem Namen von Administratoren der Superintendentur, im Verein mit den beizuziehenden Senioren der einzelnen Sprengel und einigen Männern ihres Vertrauens aus dem weltlichen Stande, zeitlich das Kirchenregiment führen werden. Die Superintendenten oder deren Administratoren haben während der Dauer des Ausnahmezustandes auch die Functionen der Distrikts-Inspektoren zu versehen und in dieser Eigenschaft ihre Wünsche und Anträge im Wege der K. K. Militärdistrikts-Kommandanten zur höheren Kenntnis zu bringen.«
Mit diesen Massnahmen wollte Haynau die ganze evangelische Kirche Ungarns in seinem Sinne gleichschalten.

Eine Petition für Sohn Joseph

Am 17. April schreibt Maria Dorothea einen persönlichen Brief an Kaiser Franz Joseph. Darin bittet sie nach Absprache mit ihrem Schwager Johann, Josephs Vormund, und mit ihrem angetretenen Sohn Stephan, den Erzieher ihres Sohnes Joseph, Feldmarschall-Leutnant Anders, abzulösen. Mit diesem hatte Joseph ja schon als Dreizehnjähriger Schwierigkeiten gehabt. Der Brief veranschaulicht den offiziellen Stil jener Zeit:
»Euer Majestät wage ich in aller Untertänigkeit, im vollen Einverständnisse mit dem Erzherzog Johann als Vormund und mit der Zustimmung meines Sohnes, des Erzherzog Stephan, zu bitten, meinem Sohne, dem Erzherzog Joseph, an die Stelle des bei demselben befindlichen Feldmarschall-Lieutenant Anders, den Baron Lütichau, allergnädigst zuteilen zu wollen; indem es mir zur großen Beruhigung dient bei meinem Sohne eine Person zu wissen, in die Euer Majestät Vertrauen setzen. Es ist mein innigster Wunsch, dass er ein treuer und brauchbarer Untertan werde und dass er sich der Gnade

Eurer Majestät würdig mache, in die ich ihn untertänigst empfehle. Ich bin mit der tiefsten Ehrfurcht Euer Majestät alleruntertänigste Dienerin
Maria Dorothea. Wien, am 17.4.1850.«

Die ungarischen Geistlichen vertrauen auf Maria Dorothea

In der Haynau-Verordnung sahen die ungarischen Geistlichen nichts anderes als eine Neuauflage von seit dreihundert Jahren bestehenden Verfolgungen und berieten, was für Maßnahmen sie dagegen ergreifen könnten. Einige Prediger entschlossen sich zu einer Bittschrift an Maria Dorothea, die am 1. Juni 1850 aufgestellt und anschließend an sie übergeben wurde. Der Anfang lautete: »Auf welch moralisch unerschütterlichem Grunde die Rechte und Freiheiten der protestantischen Kirche Ungarns ruhen, ist Euer K. K. Hoheit bekannt.«
Es wird nun festgestellt, dass alle vier gewählten Superintendenten, der Generalinspektor und die Distrikts-Kirchen- und Schulinspektoren und Kuratoren ihres Amtes enthoben worden sind. An ihrer Stelle wurden »Männer ernannt, von denen es ganz ungewiss ist, ob und welches Vertrauen die protestantische Kirche Ungarns zu ihnen hat«. Die Superintendenturen waren nach den Militärdistrikten eingeteilt worden, unabhängig von den entsprechenden Gemeindegrößen, die Konvente aufgehoben. »Es ist nicht schwer zu erkennen, wie durch ein solches System die Kirche mit der Schule … auf eine ganz außerkirchliche Basis gestellt, durch gänzlichen Umsturz ihrer Verfassung so in ihrem Leben bedroht ist, dass wir dadurch aufhören müssten, Protestanten zu sein. Es fällt sogleich in die Augen, dass mit der reformiert-evangelischen Kirche das geschehen soll, was seit Christi Zeiten noch nie geschehen ist, nämlich dass eine durch Militärmacht ernannte und dieser durch Eid und Instruktionen, die uns unbekannt sind, verpflichtete, von der Kirche weder berufene, noch mit der nach Gottes Wort unerlässlichen Mission versehene Autorität, die Kirche und Gemeinde Christi regieren will.« Die Glaubens- und Gewissensfreiheit der Protestanten sei bedroht.

Weiter heißt es: »Daher entschlossen wir uns, diese mit in der Eile ohne alles Aufsehen gesammelten Unterschriften bekräftigte Zuschrift und mit ihr die betrübende Lage unserer Kirche Eurer K. K. Hoheit zu Füßen zu legen: weil es uns in dieser neuen Drangsalszeit der seit drei Jahrhunderten in ihren Rechten oft hart bedrängten vaterländischen Kirche zum großen Troste gereicht, in Eurer K. K. Hoheit eine entschieden gläubige Christin und Beschützerin unserer Kirche verehren zu dürfen, deren Teilnahme an unserem Wohl und Wehe uns eine unvergessliche Vergangenheit verbürgt.«

Die Unterschreibenden hoffen auf Maria Dorotheas »richtige Darstellung unserer kirchlichen Verhältnisse und Verfassung« beim Kaiser und beim Ministerium und unterzeichnen: »Der Huld und Gnade, wie dem christlichen Gebete Eurer K. K. Hoheit uns und unsere vaterländische Kirche demütigst empfehlend, verharren wir in unverbrüchlicher Ehrfurcht und christlicher Liebe. Eurer Kaiserl. Königl. Hoheit Unserer gnädigsten Frau Erzherzogin treuergebenste Diener.«

Diese Petition wurde von mehr als achtzig Predigern beider evangelischen Bekenntnisse, auch von vielen Slawen, mitunterzeichnet und Maria Dorothea überreicht. Tief bewegt sagte sie ihre Vermittlung zu. Am 15. Juni 1850 bat sie in einem Brief den Kaiser um eine Unterredung: »Euer Majestät! Wage ich in tiefster Untertänigkeit um eine Stunde Gehör zu bitten, da meine demütige Herzensangelegenheit nur an das Vaterherz Eurer Majestät Selbst gerichtet werden kann. Die Leutseligkeit welche Allerhöchstdieselben Jedem Ihrer Untertanen angedeihen lassen, bürgt mir dafür: dass Euer Majestät auch einer gehorsamen Untertanin aus Allerhöchst Ihrer Familie die höchste Gnade einer Audienz gewähren werden. Ich bin mit der tiefsten Ehrfurcht, Eurer Majestät alleruntertänigste Dienerin. EH Maria Dorothea. Augarten, 15. 6. 1850.«

Die Intervention von Maria Dorothea beim Kaiser und beim Kultusminister Graf Thun hatte zur Folge, dass eine bereits gedruckte, aus 101 Paragraphen bestehende Kirchenverfassung, die aufgezwungen werden sollte, zurückgezogen wurde. Diese Verordnung sollte der Regierung die Möglichkeit geben, die Kirche durch ein vom Staat eingesetztes Konsistorium zu manipulieren.

Das Haynau-Edikt wurde damals nicht zurückgenommen. Haynau selbst wurde allerdings im gleichen Jahr wegen seiner Eigenmächtigkeiten zum Abschied aus der Armee genötigt.

Dem evangelischen Preußenkönig eine Preußin

Vier Briefe von Maria Dorothea an den preußischen König Friedrich Wilhelm IV. – den »Romantiker auf dem Thron« – sind erhalten. Am 6. Januar 1845 bedankt sich Maria Dorothea von Ofen aus für ein »königliches und landesväterliches Geschenk«. Sie sieht sich in diesem Brief selbst als Preußin, »da ich nicht anders kann als mich für ein preußisch Landeskind zu halten, weil ich mich stets mit innigem Vergnügen erinnere, im jetzt so gesegneten Schlesien die ersten Wohltaten des Lebens und die heilige Taufe empfangen zu haben.« Maria Dorothea wünscht sich, daß »Glauben und Leben in der evangelischen Kirche in Ungarn aufs neue erwache, und daß der Herr den Leuchter wieder anzünden möge, welcher bis vor hundertfünfzig Jahren in derselben leuchtete! Wir sind hier nun in den zwei Städten so glücklich, drei ungarische gläubige Prediger zu besitzen, von denen der eine besonders in einer schweren Kreuzesschule gereift ist. Ich empfehle sie in die besondere Fürbitte Eurer Majestät.« Am 22. Februar 1847 dankt Maria Dorothea – schon von Wien aus – Friedrich Wilhelm IV. für seine mitfühlende Beileidsbekundungen zum Tod des Palatin Joseph. Sie schreibt: »Erst gedrückt durch den Heimgang des geliebten Erzherzogs, der für unsere Verhältnisse ein schützender Engel war, und dann die schreckliche und rasche Entfernung von dem teuern Lande und Ort, wo jetzt meine Seele Nahrung fand in christlicher Gemeinschaft! ... Ganz ohne die Möglichkeit irgend eines sicheren Verkehrs muß ich hier darben und warten, bis mein treuer Hirte mich erlöst! O, beten Ihre Majestät mit meiner innig verehrten und geliebten Königin für mich und die geliebte kleine Schar, deren herzzerreißender Abschied immer vor meiner Seele schwebt! ... Beten Sie für uns zum König der Könige, der die Herzen der Menschen lenkt wie Wasserbäche. Ich habe hier schon so viel gelitten in der kurzen Zeit, daß nur das Wort Gottes

mich aufrecht hält! Die Liebe zur Seele meiner Kinder macht mir die schweren, namenlosen Opfer allein erträglich, die man von mir verlangte. Für die evangelische Verfassung in Ungarn ist mir nicht bange, da sie durch eine besonders gnädige Fügung unsers Gottes *ganz* dieselbe ist, als die, welche sich die teure schottische freie Kirche unter tausendjährigen Stürmen erst errang; dabei kann man viel für die Sache des Herrn tun, wenn wenigstens einige der Ältesten gut gesinnt sind; hier (d. h. in Wien) gibt es nichts, da bei dem Erstorbensein des Glaubens bei den Hirten noch die diesem schrecklichen Zustand eigene Herrschsucht der Konsistorien ein unübersteigbares Hindernis für das Erscheinen geschweige Predigen eines christlich Gesinnten ist.«
Maria Dorothea fand also in Wien keine »ernst zu nehmenden« Geistlichen! Sie schreibt: »Es waren hier 30 Familien die, einige Individuen ausgenommen, rein gesinnt« waren. »Jetzt sind 6 bis 8 hier, die ich mit der genötigten Behutsamkeit, selten und einzeln, sehen werde. Ich *werde* es aber tun, da der Herr befohlen hat, daß ›wir uns aufsuchen sollen‹ – ›wenn ihr *zusammenkommt*, so lobet den Herrn‹, ›tut Gutes jedermann, *besonders* aber den Glaubensgenossen‹.«
Im dritten Brief vom April 1851 aus Wien setzt sich Maria Dorothea für eine Sängerin namens Carl ein.
Auch der vierte Brief, am 5. Oktober 1851 im Schloss Schaumburg geschrieben, befasst sich zuerst mit der Hilfe für die Sängerin Carl, dann aber mit Problemen der Union zwischen Lutheranern und Reformierten im damaligen Preußen. Maria Dorothea schreibt: »Meine durch und durch protestantische Seele ist ohnehin ganz für Einigkeit *hier*, da Rom lauert auf Uneinigkeit. Gott der Herr stehe uns bei! Nur Er kann helfen! Ach, wenn wir uns doch jetzt wenigstens an Ihn halten wollten und zeigten, dass wir Sein Volk sind in Wort und Tat! Wenn alle protestantischen Christen sich im Herrn liebten, so wären sie ein Beispiel für die anderen; aber das ist nicht zu erwarten, es wäre zu herrlich.«
Und sie unterschreibt diesen Brief mit: »Euer Majestät ergebenste Cousine Maria Dorothea.«

Illegale Bibeln

Als die Regierung im Jahr 1851 landesweit, vor allem in Preßburg, die Lager der englischen Bibelanstalt mit ihrem großen Vorrat an Bibeln beschlagnahmte und Maria Dorothea sah, dass Franz Joseph nichts gegen die Verordnung unternahm, schrieb sie als deutschstämmige Erzherzogin dem preußischen König Friedrich Wilhelm IV. einen eigenhändigen Brief, in dem sie diesen um diplomatische Fürsprache bat. Diesen Brief gab sie einem vornehmen Edelmann mit, der ihn persönlich nach Berlin brachte. Ein anderes Mal schmuggelte sie durch einen Kaufmann ungarische Bibeln nach Pest.

Die Bach-Ära

Alexander Freiherr von Bach (1813-1893) war unter der Regierung Schwarzenberg 1848 Justizminister, ein Jahr später Innenminister und wurde 1852 Regierungschef in Wien. Als Vertreter des streng absolutistischen und klerikalen Regierungssystems führte er eine gleichmäßige Organisation der Verwaltung in allen Reichsteilen durch. 1859 musste Bach nach der Niederlage im italienischen Krieg zurücktreten.

In den evangelischen Annalen wird dieser für Ungarn, aber ganz besonders für die evangelische Kirche dort so schwierigen »Bach-Ära« ein besonderes Kapitel gewidmet.

Maria Dorothea versuchte während dieser Zeit, ihren Großneffen Franz Joseph im Interesse der Ungarn zu beeinflussen und setzte sich besonders für die protestantische Bevölkerung ein. Der junge gebildete und aufrechte Monarch verehrte die protestantische Frau. Schon als Jüngling war er mit seinem Bruder Maximilian, dem späteren Kaiser von Mexiko, oft zu Besuch im Augarten gewesen. Jetzt konnte sie beschwichtigend auf ihn einwirken.

Kronprinz Karl besucht Maria Dorothea

Im Herbst 1852 weilte das württembergische Kronprinzenpaar in Wien, der spätere König Karl mit seiner Frau Olga, der geborenen russischen Großfürstin, einer Tochter des russischen Zaren Nikolaus. Das Paar hatte am kaiserlichen Hof viele Verpflichtungen und Vergnügungen. Natürlich versäumten sie nicht, Karls Tante Maria Dorothea im Augarten zu besuchen. Auch Maria Dorotheas jüngste Tochter Maria Henriette war da, aber zunächst nicht auffindbar. Endlich fand man die kleine Pferdenärrin nach langer Suche im Pferdestall.

Schon mit siebzehn heiratete Maria Henriette den belgischen Thronfolger Leopold. Anspielend auf Maria Henriettes Liebe zu Pferden, kommentierte dies die Fürstin Melanie Metternich: »Hier heiratet ein Stallknecht eine Nonne, wobei der Herzog von Brabant die Nonne ist.«

Die belgische Königin Maria Henriette starb im Jahr 1902 in Spa. Der Familienstreit ging so weit, dass Leopold seinen Töchtern verbot, das Sterbezimmer ihrer Mutter zu betreten und an ihrem Begräbnis teilzunehmen. Die ältere Tochter der Königin Maria von Belgien, Herzogin Louise, heiratete später den Prinzen Philipp von Coburg. Die jüngere Tochter, Herzogin Stephanie, vermählte sich im Jahre 1881 mit dem einzigen Sohn von Kaiser Franz Joseph, Erzherzog Rudolf. Die Ehe war nicht glücklich. Erzherzog Rudolf erschoss seine Geliebte, die junge Baronesse Mary Versera und sich selbst im Jahre 1889 in Mayerling.

Kaiserin Sissi

1854 heiratet Kaiser Franz Joseph die bayerische Elisabeth, »Sissi«. Diese Kaiserin von Österreich und Königin von Ungarn war von Land und Leuten in Ungarn begeistert. Sie hielt sich viel und oft dort auf. Ihre Tochter Marie Valerie wurde, wie einst Maria Dorotheas Kinder, auf der Ofener Burg geboren. Beide Frauen versuchten zu einer guten und friedlichen Entwicklung zwischen den beiden Völkern beizutragen. In ihren Schicksalen sind viele verwandte Züge; weder die eine noch die andere wurde am Wiener Hof geliebt, und Maria Dorothea starb viel zu früh.

6. Maria Dorotheas Tod

Abschied

War es Schicksal, war es Zufall, war es Fügung? Ihr brennender Wunsch, einst in Ofen zu sterben und an der Seite ihres Gemahl Joseph beigesetzt zu werden, ging in Erfüllung.
Maria Dorothea, die fürsorgliche Familienmutter, fuhr 1855 zu ihrer Tochter Elisabeth, die in Ofen im Kindbett lag, um ihr beizustehen. Erzherzogin Elisabeth hatte 1847 Erzherzog Ferdinand von Österreich-Este geheiratet. 1849 wurde ihr Töchterchen Maria Theresia geboren (die später die letzte bayerische Königin wurde). Aber noch im gleichen Jahr starb Elisabeths Mann. 1854 heiratete sie dann wieder; ihr zweiter Mann war Erzherzog Karl Ferdinand, ein Sohn von Herzog Karl. Und nun erwartete Elisabeth abermals ein Kind. Doch das Neugeborene, der kleine Franz Joseph, starb schon wenige Tage nach der Geburt.
Maria Dorothea, deren sonst gute Gesundheit von der Pflege der Tochter wohl doch angegriffen war, wurde von einer schweren Grippe aufs Krankenbett geworfen, von der sie sich nicht mehr erholen sollte. Die eigentliche Todesursache war allerdings ein Gehirnschlag. In ihren letzten Stunden trösteten sie Bauhofer, Székács und Láng mit Worten der Heiligen Schrift. Am 30. März um 4 Uhr morgens schloss sie für immer die Augen.
Nur 57 Jahre alt ist sie geworden. Ihr Tod kam völlig unerwartet. Die dunklen Tage der traurigen Bach-Ära lasteten noch schwer auf Ungarn, und Kaiserin Elisabeth (die berühmte »Sissi«), »dieser andere gute Engel aus dem Bayernland«, war erst kurz zuvor bei Hof eingetroffen.
Die Verstorbene wurde im Ofener Schloß aufgebahrt. Erschüttert nahm das Volk von Ofen und Pest am 2., 3. und 4. April Abschied an ihrem Sarg.

Das Begräbnis

Das feierliche Begräbnis fand am Nachmittag des 4. April 1855 statt. Dem protestantischen Pfarrer folgte die Geistlichkeit beider Konfessionen. Der Sarg war mit Purpur ausgeschlagen, die Wände mit schwarzen Stores verhängt, die das königlich-württembergische Wappen zierte, die Tote trug ein weißes Kreuz auf dem Haupt.
Unmittelbar nach den Geistlichen erschienen die kaiserlich-königliche Hoheit Hildegard[1] und die anderen in der Hauptstadt anwesenden Erzherzoginnen. Es folgten die Hoheiten Albrecht, Ludwig, Josef, Max und Ferdinand, die sich an der rechten Seite des Sarges aufstellten. Am Fußende standen die Geistlichen, unter ihnen die evangelischen Seelsorger Bauhofer aus Ofen sowie Láng und Székács aus Pest. Hochadel und Militär nahmen rechts und links der trauernden Familie ihre Plätze ein, dann folgten die übrigen Trauergäste.
Nach dem ergreifenden Chorgesang »Jesu, mein Leben« hielt Bauhofer eine bewegende Leichenrede. Er legte aus den Sprüchen Salomos das Wort aus: »Viele Menschen werden fromm gerühmt, aber wer will finden Einen, der rechtschaffen fromm sei?« In seiner Auslegung zeichnete Bauhofer das Lebensbild von Maria Dorothea. Er berichtete über all das Gute, das sie getan hatte, und er kam zu dem Schluss, dass »unsere in Gott ruhende Fürstin von Grundsätzen geleitet ward, die sich durch ihre Handlungen als ›rechtschaffen fromm‹ bewährten.« Danach setzte sich der Leichenzug in Bewegung. Angesehene Bürger der Bruderstadt Pest hoben den Sarg auf ihre Schultern, während die Soldaten ihre Fahnen neigten. Der Zug umrundete den Schlossplatz und schwenkte zur Tür der erzherzoglichen Gruft. Dekan Láng sen. sprach ein Abschiedsgebet, und unter dem Segen, den der römisch-katholische Hofpropst Scholz der Verstorbenen erteilte, wurden die sterblichen Überreste Maria Dorotheas an den letzten Ort ihrer ewigen Ruhe gebettet. Die Glocken

[1] Hildegard war die Schwiegertochter von Maria Dorotheas Schwägerin und Kusine Henriette und Schwägerin von Maria Dorotheas Tochter Elisabeth.

Sarkophag von Maria Dorothea in der Palatinsgruft in der Ofener Burg

aller evangelischen Kirchen Ungarns läuteten, während durch den Gang der Burg der schlichte protestantische Choral hallte:

> Wie sicher lebt der Mensch, der Staub!
> Sein Leben ist ein fallend Laub;
> und dennoch schmeichelt er sich gern,
> der Tag des Todes sei noch fern.

Die Palatins-Krypta

Heute befindet sich in der Ofener Burg die ungarische National-Galerie. Zu bestimmten Zeiten öffnet sich für den Besucher auch die »Palatins-Krypta«. Unter den Ausstellungssälen gelangt man in einen feierlichen, ganz in Weiß gehaltenen Raum. Dort stehen die Marmorsarkophage: im Vordergrund in der Mitte der Sarkophag des Palatin Joseph, und neben ihm der Sarg von Maria Dorothea. Auf ihm ist die lateinische Inschrift zu lesen:

Maria Dorothea Wilhelmina Carolina
Filia ducis würtembergici Ludovici Friderici Alexandris
Vidua Josephi Antonii Joannis
Archiducis Austriae, Regni Hungariae Palatini et locumtenentis Regii
Nata 1. Novembris 1797 – Mortua 30 Martii 1855

(Tochter des Herzogs Ludwig Friedrich Alexander von Württemberg, Witwe des Erzherzogs Joseph Anton Johannes von Österreich, des Palatins des ungarischen Königreichs und königlichen Statthalters. Geboren am 1. November 1797 – gestorben am 30. März 1855).

Dort ruht sie also neben ihrem Mann, dem Sohn Alexander und neben Hermine, der zweiten Frau des Palatins Joseph. Später sind auch Stephan, der geliebte Sohn Joseph und die Enkel zu ihr zurückgekehrt. Die liebenden Herzen sind zu Staub geworden. Das Grab machte alle gleich, so sehr man auch am Hof die Religionsverschiedenheit gefürchtet hatte.

Die Anteilnahme der Städte Ofen und Pest am Begräbnis der Palatinissa war sehr groß. Beide Städte wollten zeigen, dass Tausende sie in ihrem Leben geliebt hatten und nun Tausende ihren Tod betrauerten.

Doch als sich nach ihrem Begräbnis die Tür der Gruft schloss, wurde es still um sie. Der Schleier des Vergessens senkte sich über die protestantische Palatinissa, als ob sie dem Palatin nicht der gute Engel und dem Erzherzog Joseph keine liebende Mutter gewesen wäre und als ob der Sohn viele seiner Tugenden nicht gerade von der Mutter geerbt hätte: nicht nur die Liebe zum Garten- und Ackerbau, sondern auch der wache Forschergeist waren doch ihr Vermächtnis.

Die Polizei steht bereit

Der Polizeiminister Baron Kempen schreibt am 30.3.1855 in sein Tagebuch: »Die Erzherzogin Maria Dorothea, Witwe nach dem verstorbenen Palatin von Ungarn Erzherzog Josef, starb heute früh zu Ofen. Protestantin, zur nationalen Partei Ungarns sich zählend, nicht im besten Vernehmen mit dem Kaiserhause, wird ihr Tod gewiss einige Fluktuationen ihrer Parteien erzeugen. Graf Grünne, den ich früh besuchte, meinte daher, es wäre gut, in diesem Augenblicke einen scharfen Beurteiler in Ofen zu haben. Ich sandte daher den Hofsekretär Polcich dahin.«

Ein Verlust für die Kirche

Die protestantische österreichische Kirche hatte durch den Tod der Erzherzogin Maria Dorothea einen schweren Verlust zu beklagen. Sie war eine aufrichtige Freundin des evangelischen Bekenntnisses, eine fromme, gläubige Christin in des Wortes edelster Bedeutung und in jeder Beziehung das Musterbild einer protestantischen Frau. Doch über sie hieß es: »Maria Dorothea dürfte die letzte protestantische Erzherzogin am Österreichischen Hofe gewesen sein, nachdem es verlautet, dass nach einem neueren Hausgesetz kein Erzherzog mehr eine Mischehe eingehen darf.«

Nachrufe

Viele Nachrufe zeugen für die Hochachtung, die Maria Dorothea entgegengebracht wurde.
In einem Nachruf in gebundener Form unter der Überschrift des Klopstock-Zitats »Saat, gesäet von Gott, am Tage der Garben zu reifen«, heißt es:

»Und so geschah's – Was Du, Verklärte, heiß erflehtest,
In Ungarn einst zu sterben und zu ruhn,
Wo Du fast drei Jahrzehnte gewandelt,
Zum Trost für Tausende.

Der Herr, an welchen Du mit ganzer Seele glaubtest,
Den Du geliebt bis in den Tod,
Auf den Du hofftest, bis Dein Aug' gebrochen,
Erhörte Dein Gebet!

Hier, wo Du treu der Tugend reiche Himmelssaaten
Gestreut als Fürstin, Gattin einst,
Als Mutter, Christin und als Menschenfreundin,
Starbst selig Du im Herrn.

Doch nimmer schloss damit Dein engelreines Wirken;
Die gute Tat, die Du vollbracht,
– Und zahllos sind sie, Deine edlen Thaten –
Sie dauert fort und fort,

Und keimt und sprießt und treibt stets neue Segensblüten,
und bringet reichlich edle Frucht:
Dein Vorbild wird noch späten Enkeln leuchten
Auf ihrem Lebenspfad.«

In einem andern Nachruf heißt es: »Es trauern und weinen alle Ungarn um diese edle Frau, die durch einen langen Aufenthalt in dem Lande der Magyaren unauslöschlich in Erinnerung blieb. Paläste und Hütten wissen nur Rühmliches von ihr und ihrem Gemahl zu sagen, und das beste Lob erreicht noch nicht das reiche Verdienst dieser hingeschiedenen Frau. Es hat zu allen Zeiten bevorzugte Wesen gegeben, die durch ein wahrhaft christlich evangelisches Walten das Werk der Vorsehung für die Bekümmerten und Gekränkten zu befördern strebten, und Maria Dorothea war eine solche bevorzugte Frau, deren ganze Lebenslaufbahn nur mit edlen Taten bezeichnet ist. Was sie getan, das ist nie durch prahlende Worte in die weite Welt ausposaunt worden. Sie liebte nicht das rauschende Gepränge des Wohltuns, das in den meisten Fällen ein selbstgefälliges Opfer des Egoismus ist. Von ihren milden Taten werden aber jetzt Tausende zu erzählen wissen, die mit ihr eine starke Stütze verloren haben. Sie war so recht ein *Angelus misericordiae* (ein Engel der Barmherzigkeit), der unbelauscht die Tränen der Not und Verzweiflung trocknet und verschwindet, bevor der Gerettete noch den Dank stammeln konnte.

Die Sympathie der Ungarn für sie und ihren Gemahl, den Palatin Joseph, ist sprichwörtlich; aber auch Wien weiß von dem milden providentiellen Walten dieser edlen Frau nur mit Tränen dankbarer Erinnerung zu berichten. Man frage straßauf, straßab in der Leopoldstadt, und allüberall werden Arme und Notleidende eine rührende Geschichte von ihrer wohltätigen Hilfe zu erzählen wissen. Das Augarten-Palais, das sie bewohnte, war eine Crêche (Krippe) im eigentlichen Sinne des Wortes: wer bekümmerten Herzens war, fand bei ihr Trost, und sie half überall und jederzeit, wenn es in ihren Kräften stand. Sie speiste die Hungrigen, bekleidete das Elend; sie übte die hohe Tugend der Nächstenliebe im hochpriesterlichen Sinne des Evangeliums. Dem letzten ihrer Diener dankte sie für treue Dienstleistungen durch einen persönlichen Besuch, wenn er in Krankheit fiel: fragt im Augarten-Palais nach, und ihr werdet charakteristische Züge ihres Wohltuns erfahren, die durch Tränen die letzte Ölung der Wahrheit erhalten. Der war ihr Freund, der sie auf eine Familie aufmerksam machte, die der Hilfe wert und bedürftig war…

Die Erzherzogin Maria Dorothea hatte aber nebst der evangelischen Tugend des Herzens jene hohe Geistesbegabung, die sie zu einer eigentlich historischen Person erhebt, wenn auch die Geschichte nicht prunkende Taten von ihr zu melden hat…

Die Erzherzogin Maria Dorothea hatte oft geäußert, sie wolle, wenn sie ihr Lebensende nahe fühlen würde, nach Ofen sterben gehen, um neben ihrem Gemahl bestattet zu werden. Sie hat Wort gehalten, doch zu früh für Tausende, die ihren Tod beklagen.«

Und in einer »Sonntagszeitung« steht: »Wo nehmen wir Worte her, begeistert genug, um die hohen Tugenden der Verstorbenen zu preisen, hinlänglich bezeichnend, um die unendlichen Verdienste der erhabenen Frau zu schildern? Wie man die Gesamtheit all der unend-

lichen leuchtenden Körper am Firmamente den Himmel nennt, weil die einzelnen Sterne zu nennen und zu kennen kein Mensch im Stande ist, so kann auch niemand die unendlichen Wohltätigkeitsakte und trefflichen Herzenszüge, die glänzenden Tugenden und geistigen Eigenschaften der erhabenen Frau einzeln aufzählen und man muss ihr ganzes Wesen in die Worte zusammenfassen: ›Sie lebte nach dem Worte Gottes!‹ Sie war der Schirm und Hort, der unwandelbare Leitstern ihrer erlauchten Familie und der Engel mit dem Füllhorn der Barmherzigkeit für die große Familie der leidenden Armut. Sie lebte in dem Herrn und für die Menschheit.
Erzherzogin Maria Dorothea war das Muster einer gehorsamen Tochter. Sie hat ihrem erlauchten Gemahle, weiland Erzherzog Joseph, nach seinen schweren Berufssorgen, durch ihre ausgezeichneten häuslichen Eigenschaften Entschädigung gebracht. Sie war ihren Kindern ein leuchtendes Vorbild, im ungetrübten Familienleben eine aufopfernde, liebevolle Mutter. Sie war ein Engel der Armen, dreißig Jahre hindurch in Pest-Ofen, später in Wien, und überall, wo sie weilte, da floh die bittere Not und sie streute Blumen der Unterstützung in die bedrängten Familien. ›Liebe Gott über alles und deinen Nächsten wie dich selbst‹, danach lebte die hohe Frau und übte die Moral des göttlichen Stifters unserer Religion in der Wahrheit.
Die Frau Erzherzogin Maria Dorothea war eine Frau ganz nach den Geboten der Schrift: streng im Glauben, überreich in der Ausübung der Pflichten. Sie beschäftigte sich viel mit geistlichen Dingen und verbrachte viele Stunden in erbauenden Gesprächen mit Gottesgelehrten. Ihr Geist wollte stets in den Grund aller Dinge dringen. Sie stand in Korrespondenz mit den bedeutendsten Männern des Jahrhunderts und liebte Künste und Wissenschaften. Wenn man alle Tugenden und Zierden einer Frau nennt, so sind die Geistes- und Herzensgaben der erlauchten Erzherzogin nicht erschöpft – man weiß aber auch nicht einen Schatten aufzuweisen, der auf der andern Seite lastete. Allen, die je mit der erhabenen Frau in Berührung zu kommen das Glück hatten, wird sie unvergeßlich bleiben!«
Josef Székács zitiert in seiner Gedenkrede einen Ausspruch, den er von »seiner unvergesslichen Palatinissa« gehört und nie vergessen habe: »Viele Bücher habe ich gelesen, bei vielen Philosophen habe

ich Wahrheit gesucht, bis ich schließlich erfuhr, dass es die Heilige Schrift ist, in der die Reden vom ewigen Leben stehen, und seither fand meine Seele in Gott ihre Ruhe.«

Die Erben

Die schöne Sommerresidenz in Alcsút, die Palatin Joseph sich aufgebaut und eingerichtet hatte, erbte nach seinem Tode im Jahr 1847 zunächst sein ältester Sohn Stephan. Dieser floh 1848 aufs Schloss Schaumburg an der Lahn, dem mütterlichen Erbgut. Das Schloss in Alcsút stand daher leer und begann zu verfallen. 1867 starb Stephan. Und nun erbte Maria Dorotheas Sohn Joseph den Besitz. Joseph hatte 1864 Prinzessin Klothilde von Sachsen-Coburg-Gotha geheiratet und zog dann mit seiner Familie nach Alcsút. Er baute das

Puppenhaus im Park in Alcsút

Schloss weiter aus. Unter anderem ließ er ein Palmenhaus und ein Bibliotheksgebäude errichten. Ihm folgte sein Sohn Joseph August (1872-1962), dann dessen Sohn Joseph Franz (1895-1952), der mit seiner Familie 1944 vertrieben wurde. Er ging zunächst ins Asyl in die Vereinigten Staaten von Amerika. 1935 kam in Alcsút der Ururenkel Maria Dorotheas, Joseph Árpád, zur Welt. 1960 wurde sein Sohn Joseph Karl geboren. Und dessen ältester Sohn Joseph kam am 26. Juli 1994 in Hannover zur Welt. Die ungarischen Habsburger haben eine lückenlose »Josephs-Linie«.

Schloss Alcsút wurde am Ende des zweiten Weltkriegs durch Kriegseinwirkungen beschädigt. Danach diente es offensichtlich als eine Art »Steinbruch«, aus dessen Substanz die umliegenden Bauern ihre Häuser instand setzten. Heute steht von dem einst so schönen Schloss nur noch das Säulenportal und ein Stück Frontmauer. Der große Park mit dem fast zweihundert Jahre alten Baumbestand wird aber gepflegt und ist als »Arboretum« und »Denkmal« zu besichtigen. Die einstige Schlosskirche und das Puppenhaus, in dem damals die Kinder der dort residierenden Habsburger gespielt haben, sind unversehrt geblieben.

Und über allem schwebt ein Hauch von Erinnerung an die große Württembergerin Maria Dorothea, die vor über zweihundert Jahren im einst schwäbischen, heute zu Polen gehörenden schlesischen Carlsruhe geboren wurde und als Habsburger Erzherzogin in Ungarn gestorben ist.

Diese erste Biographie in deutscher Sprache soll dazu beitragen, die so lange Zeit Totgeschwiegene und fast Vergessene gebührend zu würdigen.

Literatur

Biographische und allgemeine Nachschlagewerke

Allgemeine Deutsche Biographie (ADB)

Biographisch-Bibliographisches Kirchenlexikon, hrsg. v. Friedrich Wilhelm Bautz †, fortgeführt von Traugott Bautz (auch im Internet)

Biographisches Lexikon zur Geschichte Südosteuropas. München 1974

Biographisches Lexikon des Kaiserthums Österreich. Wien 1859

Das Haus Württemberg. Ein biographisches Lexikon. Stuttgart 1997

HAMANN, BRIGITTE: Die Habsburger. Ein biographisches Lexikon. Wien 1988

Historisch-geographisches Lexikon der Schweiz. Neuenburg, Bd. 3 (1926) und Bd. 5 (1929)

KRÜCKEN, OSKAR VON UND IMRE PARLAGI: Das geistige Ungarn. Wien und Leipzig, 2 Bde, 1918

Magyar Életrajzi Lexikon. Budapest 1967

Magyar Írók. Budapest

Neue Deutsche Biographie (NDB)

Österreichisches Biographisches Lexikon. Wien 1815-1950

PRIESSDORFF, KURT V.: Soldatisches Führertum. Hamburg 1936

Religion in Geschichte und Gegenwart (RGG). Tübingen. 3. und 4. Auflage

Schwäbischer Merkur – Schwäbische Chronik (die damalige Stuttgarter Tageszeitung)

SIGEL, CHRISTIAN: Das Evangelische Württemberg (Landesbibliothek Stuttgart)

Archivalien

Hauptstaatsarchiv Stuttgart: Archivalien des Hauses Württemberg. G-Dokumente, aufgeschlüsselt nach den einzelnen Personen, z. B. G 285 Maria Dorothea; G 246 Herzog Louis, Maria Dorotheas Vater; G 248 Herzogin Henriette, Maria Dorotheas Mutter

Österreichisches Staatsarchiv

Ungarisches evangelisches Archiv in Budapest (Evangélikus Országos Levéltár). Dort befinden sich Briefe von Maria Dorothea und das Tagebuch von Hofprediger Georg Bauhofer.

Geheimes Staatsarchiv Berlin

125 Jahre Henriettenstift in Kirchheim. In: Beiträge zur Heimatkunde des Bezirks Kirchheim u. T. H. 25 (1977), S. 11ff.

150 Jahre Höhere Schulen Oberschützen. Evangelisches Schulwerk (Festschrift). Oberschützen 1995

Az Istenben boldogult Mária Dorottya (Die in Gott selig entschlafene Maria Dorothea – Bericht über die Beerdigung)
In: Vasárnapi újság, 1855, S. 122

Fürstenhochzeit in Kirchheim. In: Beiträge zur Heimatkunde des Bezirks Kirchheim u. T. H. 10 (1969), S. 11f.

Geschichte der evangelischen Kirche in Ungarn. Berlin 1954

Die Habsburger Monarchen 1848-1918, Bd.4, Wien 1985

Habsburgok Alcsúton (Habsburger in Alcsút). In: Alcsútdobozi Hírek. 4. Jg., Nr.9, S. 9f.

BAUHOFER, GEORG: Predigt zur Todesfeier der weiland Durchlauchtigsten Frau Maria Dorothea, k. k. Erzherzogin von Oesterreich, verwitweten Palatinissa von Ungarn. Pest 1855

Beispielloses Engagement als Auslöser. Zum 200. Geburtstag der Herzogin Henriette von Württemberg. In: Beiträge zur Heimatkunde des Bezirks Kirchheim u. T. H. 31 (1980), S. 11ff.

BERZEVICZY, GREGOR VON: Nachrichten über den Zustand der Evangelischen in Ungarn. 2. Aufl. Leipzig 1860

BORBIS, JOHANNES: Die evangelisch-lutherische Kirche Ungarns in ihrer geschichtlichen Entwicklung. Nördlingen 1861

BÜTTERLIN, RUDOLF: Malvina oder der Instinkt des Herzens. Zur Biographie von Marianne Czartoryska, Herzogin von Württemberg. In: Zeitschrift für württembergische Landesgeschichte. Stuttgart, Bd. 48 (1989), S. 223-238

DECKER-HAUFF, HANSMARTIN: Frauen im Hause Württemberg. Stuttgart 1997

DECKER-HAUFF, HANSMARTIN: Frauen im Hause Württemberg: Maria Dorothea. Fernsehsendung in S 3 am 15.1.1985

DIETERICH, SUSANNE: Württemberg und Rußland. Geschichte einer Beziehung. Leinfelden-Echterdingen 1995

DOLESCHALL, SÁNDOR: Das erste Jahrhundert. Aus dem Leben einer hauptstädtischen Gemeinde. Aus Veranlassung des hundertjährigen Bestandes der Pester evangelischen Gemeinde A.C. Budapest 1887

Élet-történet. Maria Dorothea magyar ország nádorispánnéja (Lebensgeschichte. Maria Dorothea, die Frau des ungarischen Palatingespans). In: Regélő 1835, S. 553-555

ERZBERGER, MATTHIAS Die Säkularisation in Württemberg von 1802 bis 1810. Aalen 1974
ÉCHEROLLES, ALEXANDRINE DES: Quelques années de ma vie. Moulins 1843
FABINY, TIBOR: Maria Dorothea und der ungarische Protestantismus. In: Jahrbuch der Gesellschaft für die Geschichte des Protestantismus in Österreich. Bd. 96. 1980, S. 333ff.
FABINY, TIBOR: Mária Dorottya. Az utolsó magyar nádorné élete képekben. Erzherzogin Maria Dorothea. Budapest. 1997 (zweisprachig ungarisch und deutsch).
FRASCH, WERNER: Kirchheim unter Teck. Kirchheim u.T. 1984
HELLINGHAUS, OTTO: Karl Maria von Weber. Seine Persönlichkeit in seinen Briefen und Tagebüchern. Freiburg 1924
Herzog Louis vor 150 Jahren gestorben. In: Beiträge zur Heimatkunde des Bezirks Kirchheim u. T. H. 6 (1967), S. 18ff.
JÓZSEF NÁDOR (1776-1847) Pest-Budán. Ausstellungskatalog (z. T. zweisprachig ungarisch-deutsch). Budapest 1997
KAISER, GEORG: Sämtliche Schriften von Carl Maria von Weber. Berlin und Leipzig 1908
Kaisertum Österreich 1804-1848. Ausstellungskatalog. Schallaburg 1996
KOREN, EMIL: A budavári evangélikus gyülekezet krónikája (Chronik der evangelischen Gemeinde auf dem Ofener Burgberg). Budapest 1954-1955
KÓSA, LÁSZLÓ: Die Ungarn, ihre Geschichte und Kultur. Budapest 1994
KOVÁCS, SÁNDOR: Az utolsó nádorné Mária Dorottya emlékezete (Erinnerung an die letzte Palatinissa Maria Dorothea). Budapest 1939
KROLL, ERWIN: Carl Maria von Weber. Potsdam 1934
LEDDERHOSE, KARL FRIEDRICH: Die Herzogin Henriette von Württemberg. Heidelberg 1867
LENDVAI, PAUL: Die Ungarn. Ein Jahrtausend Sieger in Niederlagen. München 1999
LOESCHE, GEORG: Die Protestantenfreunde im Hause Habsburg. In: Österreichische Rundschau, Bd. 17 (1908), S. 361ff.
LOESCHE, GEORG: Die evangelischen Fürstinnen im Hause Habsburg. In: Jahrbuch der Gesellschaft für die Geschichte des Protestantismus in Österreich. Bd. 25 (1904), S. 5ff.
MAYER, KARL: Zum 75. Todestag der Herzogin Henriette. Beiträge zur Heimatkunde des Bezirks Kirchheim/T. H. 4, 1933, S. 58ff.
OEHLER, K. EBERHARD: Budapest, Dorottya utca (Die Dorotheenstraße in Budapest – Einweihung einer Erinnerungstafel an Maria Dorothea). In: Útitárs 45. Jg. (2001) H. 3, S. 6
OEHLER, K. EBERHARD: Maria Dorothea. In: Das Haus Württemberg. Ein biographisches Lexikon. Stuttgart 1997, S. 347f.

OEHLER, K. EBERHARD: Maria Dorothea. Prinzessin von Württemberg und Wohltäterin Ungarns. In: Lebensbilder aus Baden-Württemberg. Stuttgart 1998, S. 235-268

ORSZÁGH, SÁNDOR: A budai Jótékony nőegylet 1817-1897 (Der Ofener wohltätige Frauenverein 1817-1897). Budapest 1898

PAYR, SÁNDOR: Mária Dorottya. Nádorasszony (Die Palatinissa Maria Dorothea). Budapest 1908

PFAFF, KARL: Geschichte des adelichen Fräuleinstifts zu Oberstenfeld. In: Württembergisches Jahrbuch für vaterländische Geschichte, Geographie, Statistik und Topographie. 1840, S. 319ff.

PÓSFAY, GYÖRGY: Krisztuskövető életek: Mária Dorottya (Leben in der Nachfolge Christi: Maria Dorothea) In: Útitárs Nr. 5 (1994), S. 5 und Nr. 1 (1995), S. 4f.

PRESS, VOLKER: König Friedrich I. – Der Begründer des modernen Württemberg. In: Baden und Württemberg im Zeitalter Napoleons. Bd. 2. Stuttgart 1987, S. 25-40

REINGRABNER, GUSTAV: Bemerkungen zur Geschichte der höheren Schulanstalten in Oberschützen. In: Lebendiges Evangelium, Heft 3 (1985), S. 49-69

SAUER, PAUL: Der schwäbische Zar. Friedrich – Württembergs erster König. Stuttgart 1984

SCHWARZ, KARL: Maria Dorothea und die Protestantenpolitik der Habsburger zwischen Revolution und Konkordat 1848-1855. Vortrag in Pest am 22. November 1997 (Vortragsmanuskript)

TRAAR, GEORG: Gottlieb August Wimmer. Pfarrer, Schulgründer, ein Vorkämpfer der Ökumene. In: Eine Wolke von Zeugen, 2. Aufl. Wien 1967, S. 165-167

WAIS, GUSTAV: Alt-Stuttgarts Bauten im Bild. Stuttgart 1951

WELLER, KARL UND ARNOLD: Württembergische Geschichte im südwestdeutschen Raum. Stuttgart 1971

Württembergisches Landesmuseum Stuttgart. Baden und Württemberg im Zeitalter Napoleons. Ausstellungskatalog 1987

ZIMMERMANN, BERNHARD: Gottlieb August Wimmer 1791-1863. Ein Wiener mit länderweiter Wirkung. 2. Aufl. Wien 1965

ZOLTÁN, HALÁSZ: Kurze Geschichte Ungarns. Budapest 1974

Orte

(mit angegebenen Seitenzahlen, außer für Ofen, Pest und Wien)

Alcsút, 40 km westlich von Budapest, Sommerresidenz der Familie von Palatin Joseph, gegründet um 1820. Bis Ende des zweiten Weltkriegs Residenz der »ungarischen Linie«, der Nachkommen von Maria Dorotheas Sohn Joseph. 8, 49, 55ff, 129f.

Carlsruhe in Oberschlesien (polnisch Pokój), Geburtsort von Maria Dorothea. Gegründet 1748 von Herzog Carl Christian Erdmann von Württemberg-Oels (1716-1792), dem letzten Spross der »Ersten schlesischen Linie« des Hauses Württemberg. 7, 9, 12f, 21, 41, 130

Kirchheim unter Teck, Stadt am Fuß der Schwäbischen Alb, unterhalb der Burg Teck. Im Stadtkern liegt das Schloss Kirchheim. 1811-1819 Maria Dorotheas Zuhause. Dorotheas Mutter Herzogin Henriette wohnte dort bis zu ihrem Tod. 7, 16, 23f, 26ff, 30, 36, 38, 40, 60

Kirchheimbolanden, Kreisstadt in Rheinland-Pfalz, Schloss der Fürsten von Nassau-Weilburg, Geburtsort von Maria Dorotheas Mutter Herzogin Henriette. 9f.

Ludwigsburg nördlich von Stuttgart, gegründet von Herzog Eberhard Ludwig (1676-1733), mit dem größten deutschen Barockschloss. Die württembergische Residenz wechselte zwischen dort und Stuttgart. 15, 18, 40

Oberschützen, seit 1921 österreichisch. Gotthold August Wimmer gründete dort evangelische Schulen, Gymnasium und Lehrerbildungsanstalt. Oberschützen ist heute noch »Schulstadt« mit Musik- und Kirchenmusikhochschule. 55, 75-78

Oberstenfeld im Bottwartal, Kreis Ludwigsburg. 1016 entstand dort das Chorfrauenstift. Nach der Säkularisation erhielten die adeligen »Chordamen« Bezüge, ohne dort zu wohnen. Maria Dorothea war »Koadjutorin« und dann »Äbtissin«, wohnte aber nie dort. 7, 25

Ödenburg (ungarisch Sopron) am Neusiedler See, die älteste Stadt Ungarns. Dort wurden mehrmals ungarische Reichstage abgehalten und Könige gekrönt. 53, 73, 75, 80, 100

Ofen (ungarisch Buda), heute Teil von Budapest am westlichen Donauufer, steil ansteigend zum Burgberg, auf dem das Residenzschloss liegt, wo Maria Dorothea mit ihrem Gemahl residierte.

Pawlowsk, Schloss bei Sankt Petersburg, erbaut 1782 bis 1786 im Auftrag des Zaren Paul (1754-1801), der 1776 Herzog Louis' Schwester geheiratet hatte. Geburtsort von Maria Dorotheas Bruder Alexander. 17

Pest ist der am östlichen Donauufer gelegene Stadtteil von Budapest mit dem Parlamentsgebäude. Am Kohlmarkt (heute Deákplatz) liegt die alte evangelische Kirche.

Personen

(mit angegebenen Seitenzahlen, außer für Maria Dorothea, ihren Gemahl Palatin Joseph und ihren Hofprediger Johann Georg Bauhofer)

Maria Dorotheas Kinder und Enkel (letztere eingerückt)

Maria Dorothea von Württemberg (1797-1855)
∞ mit Joseph, Erzherzog und Palatin (1776-1847)
Elisabeth von Habsburg (1820-1820)
Alexander von Habsburg (1825-1837)
Elisabeth von Habsburg (1831-1903)
    1. ∞ mit Ferdinand Karl Viktor von Habsburg-d'Este (1821-1849)
    Maria Theresia von Habsburg d'Este (1849-1919)
    ∞ mit König Ludwig von Bayern (1845-1921)
    2. ∞ mit Karl Ferdinand von Habsburg (1818-1874)
    Franz Josef von Habsburg (1855-1855)
    Friedrich von Habsburg (1856-1936)
    ∞ mit Isabella von Croy-Dülmen (1856-1931)
    Maria Christina von Habsburg (1858-1929)
    ∞ mit König Alfons XII. von Spanien (1857-1885)
    Karl Stephan von Habsburg (1860-1933)
    ∞ mit Maria Theresia von Habsburg (1862-1933)
    Eugen von Habsburg (1863-1954)
    Maria Eleonora von Habsburg (1864-1864)
Josef Karl von Habsburg (1833-1905)
∞ mit Klothilde von Sachsen-Coburg-Gotha (1846-1927)
    Elisabeth von Habsburg (1865-1866)
    Maria Dorothea von Habsburg (1867-1932)
    ∞ mit Louis Philip von Orleans (1869-1926)
    Margit von Habsburg (1870-1955)
    ∞ mit Albert von Thurn und Taxis (1867-1952)
    Josef August von Habsburg (1872-1962)
    ∞ mit Augusta von Bayern (1875-1964)
    Ladislaus von Habsburg (1875-1895)
    Elisabeth von Habsburg (1883-1958)
    Klothilde von Habsburg (1884-1903)
Maria Henriette von Habsburg (1836-1902)
∞ mit König Leopold II. von Belgien (1835-1909)
    Louise von Belgien (1858-1924)
    ∞ mit Philipp von Sachsen-Coburg (1844-1921)
    Stephanie von Belgien (1864-1945)
    1. ∞ mit Rudolf von Habsburg (1858-1889)
    2. ∞ mit Elemer Lyonay (1863-1946)
    Clementine von Belgien (1872-1955)
    ∞ mit Viktor Napoleon (1862-1926)

Bildnachweis

Gemälde von Emma Tomaschek. Im Pfarrhaus in Ofen (Umschlag)
Das Haus Württemberg, ein biographisches Lexikon. Stuttgart 1997 (S. 10, 11)
Fabiny, Tibor. Mária Dorottya. Budapest 1997 (S. 12, 31, 47, 56, 60, 65, 66, 67, 68, 73, 86, 95, 99)
Schlender, József und Neß, Dietmar. Carlsruhe O/S-Pokój. Schlesischer Gottesfreund Nr. 4, 1991 (S. 14)
Stadtarchiv Kirchheim/Teck: Foto 3896 (S. 24)
Budapest. Corvina-Reiseführer. Budapest 1970 (S. 44)
József Nádor. Ausstellungskatalog. Budapest 1997 (S. 63)
Koren, Emil. A budavári evangélikus gyülekezet krónikája. Budapest 1995 (S. 87)
Fotografie bzw. Ansichtskarte im Besitz des Autors (S. 123, 129)

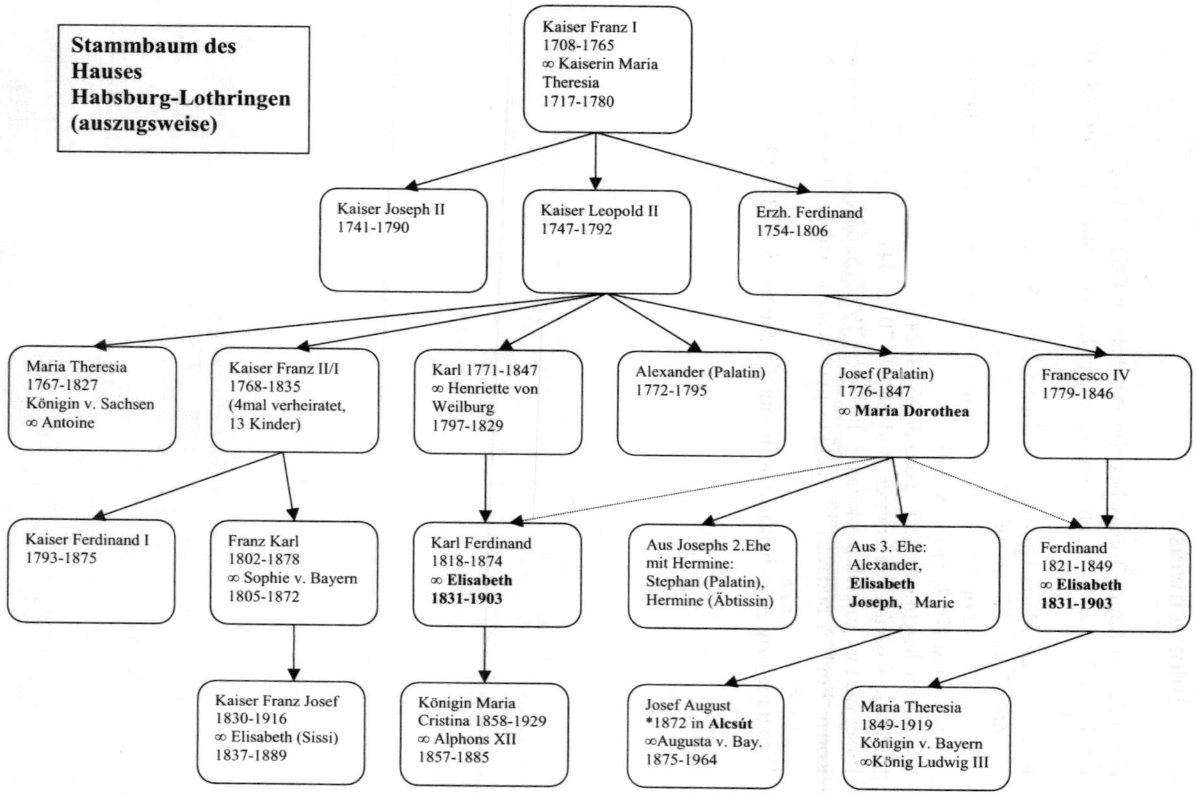
Stammbaum des Hauses Habsburg-Lothringen (auszugsweise)
Kaiser Franz I 1708-1765 ∞ Kaiserin Maria Theresia 1717-1780
Kaiser Joseph II 1741-1790
Kaiser Leopold II 1747-1792
Erzh. Ferdinand 1754-1806
Maria Theresia 1767-1827 Königin v. Sachsen ∞ Antoine
Kaiser Franz II/I 1768-1835 (4mal verheiratet, 13 Kinder)
Karl 1771-1847 ∞ Henriette von Weilburg 1797-1829
Alexander (Palatin) 1772-1795
Josef (Palatin) 1776-1847 ∞ Maria Dorothea
Francesco IV 1779-1846
Kaiser Ferdinand I 1793-1875
Franz Karl 1802-1878 ∞ Sophie v. Bayern 1805-1872
Karl Ferdinand 1818-1874 ∞ Elisabeth 1831-1903
Aus Josephs 2.Ehe mit Hermine: Stephan (Palatin), Hermine (Äbtissin)
Aus 3. Ehe: Alexander, Elisabeth Joseph, Marie
Ferdinand 1821-1849 ∞ Elisabeth 1831-1903
Kaiser Franz Josef 1830-1916 ∞ Elisabeth (Sissi) 1837-1889
Königin Maria Cristina 1858-1929 ∞ Alphons XII 1857-1885
Josef August *1872 in Alcsút ∞Augusta v. Bay. 1875-1964
Maria Theresia 1849-1919 Königin v. Bayern ∞König Ludwig III